AF579006

PROPUESTAS
para transformar la sociedad dominicana

PROPUESTAS para transformar la sociedad dominicana

ISBN: 978-9945-18-894-3

Primera edición, abril del 2016
Segunda edición, abril del 2024

Diseño de portada y diagramación:
Aníbal Hernández Medina/ anibalhdezm@gmail.com

DEDICATORIA

A la memoria de Juan B. Mejía y Roberto Duvergé, destacados dirigentes revolucionarios, cofundadores del Frente de la Izquierda Dominicana, formalmente constituido el 14 de junio de 1983 como continuación de las luchas libertarias del pueblo dominicano, que sigue el actual Frente Amplio.

ÍNDICE

Prólogo a la segunda edición..11

Prefacio..15

Introducción..17

PRIMERA PARTE
PROPUESTA A LA CIUDADANÍA

Programa de Gobierno (Síntesis)..23

En el bicentenario de Mella y 172 aniversario de la Independencia: Confrontar la realidad con ideales..............................33

Por mejores sueldos, salarios y pensiones...........................35

Proyecto de resolución por la unidad amplia opositora para derrotar planes reeleccionistas....................................39

Honremos a Duarte rechazando presencia de soldados de EU en RD...41

Frente Amplio continúa lucha de Juan Pablo Duarte........43

En su bicentenario. Pensamiento de Duarte debe guiar las acciones del Estado...45

Profundizar democratización de la sociedad en 50 aniversario de la Insurrección de Abril...49

¡Ratifiquemos nuestra soberanía nacional en 50 aniversario de la intervencción de EEUU!...51

Frente Amplio llama a enfrentar amenazas a soberanía nacional.....55

Frente Amplio plantea auditar padrón electoral y empadronar a dominicanos en el exterior.....57

RD puede discutir tema haitiano en un escenario favorable: AEC.....59

Otro cambio constitucional: ¿En retroceso o de avance?.....63

Es tiempo de redistribuir riquezas ¡A movilizarse por un salario mínimo!.....67

Asimilar experiencias de la Insurrección de Abril del 1965...69

Celebremos 170 aniversario de la Independencia luchando contra limitaciones a la soberanía.....73

Honremos a Mella con defensa de la soberanía y reclamo del derecho a votar de militares.....77

Redistribución de riquezas. Frente Amplio plantea sueldo mínimo de $25,000.....81

SEGUNDA PARTE

Quejas por la situación económica cuestionan popularidad del Gobierno.....87

PLD debería suspender a Fernández de su cargo y Danilo Medina responder a las acusaciones.....89

Legisladores pueden frenar reelección y aportar a democratización de la sociedad.....91

Legisladores(as): ¡No entreguen sus cabezas!.....93

Choques de reeleccionistas perjudican al país y descalifican al PLD para seguir en el poder.....95

Pacto de la impunidad aumentara la corrupción para intentar conseguir la reelección de DM....97

Danilo Medina debería tomar licencia y llevar comando reeleccionista al PLD....99

Danilo Medina y sus cocios se desacreditan más con suis pactos corruptos y antidemocráticos....101

Frente Amplio plantea profundizar investigaciones sobre el asesinato de Blas Olivo....103

Amenaza de fanáticos contra periodistas es responsabilidad del gobierno PLD....105

Investigación contra Lula por corrupción embarra a Gobierno RD con la Odebretch....109

El jinete reeleccionista sobre el caballo migratorio....111

Tres años de gobierno evidencian fracaso de Danilo Medina y el PLD....115

DM impone la repostulación mientras baja su credibilidad....121

«Cuesta abajo en la rodada...»....125

Una corriente de opinión cuesta abajo....129

Un mes con la popularidad cuesta abajo....133

TERCERA PARTE

Frente Amplio llama a unidad para enfrentar al PLD....139

El origen de la Convergencia....141

La coyuntura política y el proceso histórico....145

ANEXOS

Editorial.....153

Conclusiones.....157

Ante una nueva realidad FA llama a discutir nuevo programa de gobierno que supere el actual.....159

Frente Amplio plantea nuevo gobierno para el 2024.....161

Dirigente refuta editorial de Acento sobre papel de la izquierda en las elecciones.....165

Prólogo a la segunda edición

Esta segunda edición de la obra *PROPUESTAS para transformar la sociedad dominicana* se realiza ocho años después de la primera (en 2016), pero los principales planteamientos políticos que se hicieron entonces han mantenido su vigencia, en general. El primer documento, el Programa de Gobierno (resumido), sometido a la consideración de la sociedad, fue actualizado en la introducción; pero los otros datos e ideas permanecen inalterados, con la fecha correspondiente de cada uno para que se entienda mejor el contexto en que fueron escritos.

Estamos convencidos de que esta nueva presentación de *PROPUESTAS para transformar la sociedad dominicana* será útil para las y los interesados en debatir con altura los principales problemas de la comunidad quisqueyana de aquí y del exterior. Esperanzado en esa utilidad es que nos decidimos a ponerla a circular, ahora a través de un medio electrónico.

El cambio de gobierno del 2020, tras las grandes manifestaciones contra la corrupción, iniciadas en el 2017, fue una buena experiencia política para todo el pueblo dominicano. Se podría comparar, salvando la distancia en el tiempo y circunstancias, con la derrota del régimen represivo de Joaquín Balaguer en 1978. Es imperativo asimilar lo vivido en esos momentos para avanzar hacia nuevas metas políticas centradas principalmente en la redistribución de las riquezas, que se perfila como el gran problema del presente y los años venideros.

Esto último significa, específicamente, un salario mínimo que esté por encima del costo de la canasta familiar de los que menos ganan o el quintil, como dice el Banco Central, de más bajos ingresos; comenzando por los empleados públicos. Se debería establecer un sueldo mínimo que sirva de múltiplo para los de los altos funcionarios, de manera que se rebajen esos y que cuando se aumenten sea a partir del básico; reduciendo, además, los ingresos extraordinarios.

También que las grandes empresas, nacionales y extranjeras, repartan al menos el 25 por ciento de sus beneficios entre sus trabajadores, las medianas el 20 y las pequeñas un 15%, actualizando lo planteado en el artículo 19 de la Constitución de 1963; que los más ricos paguen más impuestos y que se rebajen o eliminen los de los artículos de primera; eliminar las privilegiadas exenciones para las empresa grandes y solo mantenerlas a las medianas, pequeñas y microempresas por tiempo limitado, entre otras medidas.

Otro gobierno en el 2024 no puede ser más de lo mismo y mucho menos un retroceso social y económico. La sociedad dominicana necesita dar nuevos pasos hacia adelante, especialmente para eliminar las diferencias en ingresos y en oportunidades entre hombres y mujeres, entre adultos y jóvenes; que son los sectores más perjudicados por bajos salarios y el desempleo.

Por supuesto, también se necesita continuar profundizando las reformas políticas necesarias para una mejor democratización de la sociedad dominicana, las más importantes de las cuales requerirían cambios constitucionales que se han estado anunciando durante años y que un día se harán. Además de mantener y profundizar las medidas contra la corrupción de funcionarios pasados y actuales.

Estas son algunas de las propuestas que ha estado enarbolando la candidata presidencial del Frente Amplio, María Teresa Cabrera; su diputado nacional, Dionisio Rodríguez Restituyo; el joven aspirante a diputado Jonathan Liriano y otros candidatos y dirigentes de esa organización política. Además, en el enfrentamiento a la corrupción, especialmente, se ha coincidido con los candidatos a las senadurías del Distrito Nacional, Guillermo Moreno, y Antonio Taveras, por la provincia Santo Domingo, entre otros/as aspirantes a cargos electivos de otras agrupaciones políticas y diversas alianzas.

Santo Domingo, marzo del 2024

PREFACIO

En esta obra sintetizamos los más importantes documentos que hemos redactado a nombre de la dirección del partido Frente Amplio, los que se fueron divulgando, generalmente resumidos, en diversos medios de comunicación. Una parte fue dada a conocer como declaraciones de prensa sobre acontecimientos ocurridos en distintos momentos y otra, en artículos firmados por el autor.

Agrupados todos en un libro y publicados *in extenso* se puede ver que el Frente Amplio ha estado haciendo propuestas sensatas y precisas para cambiar la sociedad dominicana, aunque no siempre tuvieron suficientes repercusiones mediáticas por múltiples razones.

En este momento que nos acercamos al final de una campaña electoral con escasas propuestas creíbles de parte de los partidos tradicionales y con tantas desventajas para la oposición, en particular para agrupaciones como el Frente Amplio, consideramos oportuno hacer este nuevo esfuerzo para que al menos parte de la población conozca estas iniciativas en conjunto; particularmente las/os forjadores de opinión pública y los principales dirigentes y activistas de las organizaciones políticas interesadas en un verdadero cambio social en República Dominicana, quienes pueden multiplicar las ideas en numerosos escenarios, en el presente y hacia el futuro.

Entre los medios de comunicación en que se encuentran dispersos estos planteamientos, en los años 2013 al 2016, están, en orden alfabético: *acento.com, almomento.net, barrigaverde.net, diariodigitalrd.com, El Caribe, El Día, elmotin.com, El Nacional, elmunicipio.com, El Nuevo Diario, holapolítica.com, Hoy, La Información, Listín Diario, municipiosaldia.com, periodicoprisa.com, z101digital.com*. Si alguno falta, el error es involuntario.

El autor ha tenido la oportunidad, durante años, de expresar estas y otras ideas a través de la popular emisora *Z101*, en su programa *El Gobierno del Sábado*, conducido por Willi Rodríguez y el Dr. Secundino Palacios, en la parte médica; con la participación de conocidos comunicadores de distintos puntos del país, entre ellos: Rafael (Fafa) Taveras, Raysa Lara, Milagros Beras, Héctor Luzón, Robinson Gálvez, Jimmy Duval, Salvador Holguín, Franklin Rodríguez, Heriberto Paulino (*El Colegón*), Edwin Aristy, Darío Yúnez. También, las propuestas del Frente Amplio han sido divulgadas por numerosos canales de televisión que, junto a los medios digitales, han contribuido a cierta democratización de la prensa, en momentos en que se concentra la propiedad en manos de grandes propietarios.

INTRODUCCIÓN

El pueblo dominicano se encuentra en este año 2016 en una peligrosa encrucijada: entre el cambio político y el continuismo peledeísta.

Los principales líderes del Partido de la Liberación Dominicana han proclamado abiertamente sus deseos de repetir el mal ejemplo del Partido Revolucionario Institucional (PRI) de México, de mantenerse en el poder durante décadas, sin importarles el tener que recurrir a la más extendida corrupción, fraudes electorales e incluso asesinatos entre sus propios integrantes y, es de suponer, también contra sus oponentes. «El poder es para usarlo», dicen una y otra vez, como si fuera su *Padrenuestro*.

Las elecciones del 2016 se efectúan repitiendo el guion del comité político peledeísta de las del 2012. Hace cuatro años, pocos meses antes de las elecciones, el entonces presidente, Leonel Fernández, afirmó que el actual mandatario las ganaría con el 51% de los votos y así fue. No porque fuera mago, sino porque, entre otras cosas, el titular de la Junta Central Electoral de entonces y de ahora, Roberto Rosario, dirigente del mismo PLD, entró al centro de cómputos en la noche decisiva del conteo de votos en el 2012, impidió el ingreso de los delegados técnicos de los partidos de oposición y todos los boletines de la JCE, del uno al 10, reprodujeron la cifra que había «pronosticado» u ordenado Fernández: 51%, con apenas diferencias decimales en cada información.

Ahora Danilo Medina quiere ganar con 60% o más, no solo para vencer al principal candidato de la oposición, Luis Abinader y su compañera de boleta, Carolina Mejía, sino también para terminar de aplastar a su antagonista interno, Leonel Fernández (aunque la compañera por partida doble sea Margarita Cedeño), con una votación por encima de la que éste obtuvo en el 2004, el 57%.

Respondiendo a una de esas arrogantes declaraciones de Fernández y a todo el PLD, el Frente Amplio propuso, desde el 2013, la unidad de la oposición democrática y progresista para enfrentar el continuismo peledeísta y realizar un cambio político y social sensible en el país.

De esa propuesta surgió la Convergencia por un Mejor País, como proyecto unitario que encauzara la sociedad dominicana, a corto, mediano y largo plazo, por el sendero que han recorrido ya otros pueblos latinoamericanos, entre ellos Chile, Uruguay y El Salvador, con experimentos políticos pluralistas ostensiblemente beneficiosos para las capas medias de la población y los más necesitados(as).

El uso abusivo de los recursos del Estado y la más costosa campaña de propaganda jamás vista en el país, con encuestas ostensiblemente contaminadas, crean la impresión, la «percepción», de que el PLD podría ganar las elecciones, a pesar de que en los resultados de las mismas investigaciones publicadas se ven cifras claramente contradictorias con los números atribuidos al candidato reeleccionista.

En el 1978 también se creía que el entonces presidente Joaquín Balaguer, quien lo controlaba todo y además infundía el terror neotrujillista, ganaría las elecciones. Sin embargo, las perdió, el empuje de las masas logró erosionar los mecanismos de represión del régimen balaguerista, a pesar de un forcejeo que casi termina en golpe de Estado.

Las condiciones políticas del 2016 se parecen a las de esa época: a pesar de las apariencias, un brote masivo de descontento popular puede acabar con el continuismo peledeísta.

En este contexto, el Frente Amplio y sus aliados tienen claro el objetivo de enfrentar con energía los afanes reeleccionistas del PLD en base a propuestas serias que signifiquen un cambio trascendente en la sociedad dominicana. Ese es el objetivo principal de esta obra: resumir esos planteamientos políticos.

EL AUTOR

PRIMERA PARTE

PROPUESTA A LA CIUDADANÍA

Programa de Gobierno

(SÍNTESIS)

La situación política nacional está caracterizada en este momento histórico por el desgaste y fragmentación de los partidos tradicionales, de un lado, y la necesidad de una adecuada redistribución de las riquezas socialmente producidas, por el otro; a lo que se agrega la volatilidad y peligrosidad de las relaciones internacionales.

El pueblo dominicano vive una acentuada desigualdad social en la distribución de las riquezas, naturales y producidas, a causa de una política económica deliberadamente favorable a una minoría de grandes empresarios y funcionarios; por lo cual a la mayoría se le hace difícil conseguir el peso, que se evapora pronto con los altos precios de los artículos de primera necesidad.

También hay una creciente deuda pública, con componente externo que históricamente ha sido peligroso para la soberanía nacional; la cual se ve lesionada por una embajada y una activa misión estadounidenses que pretenden privilegios inconstitucionales para sus integrantes, mientras defienden a las compañías multinacionales (Barrick Gold, Falconbridge y otras) que se llevan nuestras riquezas, en especial el oro; además de que depredan los bosques y contaminan los ríos.

Ante esta cruda realidad, los hombres y mujeres, jóvenes y adultos, agrupados por todo el país en el Frente Amplio proponemos a los hombres y mujeres, jóvenes y adultos, que necesitan con urgencia un cambio significativo en sus condiciones de vida, movilizarnos y organizarnos para convertir en realidad un PROGRAMA DE GOBIERNO con los puntos siguientes, entre otros que podrían debatirse:

1.- **Democratización de la sociedad**

1.1 Superar el conservadurismo de dirigentes políticos tradicionales con la formación de una nueva mayoría pluralista, para la instauración de un GOBIERNO DISTINTO; inspirado en el ideal duartiano de la mayor participación posible de la población en los asuntos públicos, partiendo desde los ayuntamientos, el más representativo de los poderes del Estado.

1.2 Adecentar la actividad política, estimulando el funcionamiento de los partidos de una manera verdaderamente democrática, para que sean los ciudadanos y ciudadanas quienes tengan el control de los asuntos públicos, no la minoría que acumula dinero por cualquier vía.

1.3 Realizar una REFORMA CONSTITUCIONAL mediante ASAMBLEA CONSTITUYENTE, que reduzca el excesivo poder presidencial y que fortalezca los otros poderes del Estado: Legislativo, Judicial y el PODER MUNICIPAL, como lo planteó Juan Pablo Duarte en su Proyecto de Constitución. Introducir los cambios necesarios para profundizar el proceso democrático, incluyendo el fortalecimiento de la Justicia (los tribunales), un congreso unicameral, reducción de la burocracia, provincias y municipios y el DERECHO AL VOTO para MILITARES Y POLICÍAS, a elegir y ser elegibles.

1.4 Reformar las leyes que lo requieran y elaborar nuevas para poner en práctica una política de verdadera igualdad de derechos y oportunidades para mujeres y hombres, jóvenes y adultos.

2.- **Política económica**

2.1 Implementar una política económica destinada a crear más puestos de trabajo en todo el país, estimulando las pequeñas y medianas empresas que crean más empleos por capital invertido que las grandes. Establecer un salario mínimo que sea superior al costo de la canasta familiar del quintil de menos ingresos de la población y un múltiplo de ese para los más altos funcionarios, reduciendo significativamente los privilegiados altos sueldos.

2.2 Reducir los impuestos sobre los artículos de consumo masivo, como los alimentos y combustibles (para bajar los precios), y aumentarlos sobre las ganancias excesivas de las grandes compañías nacionales y extranjeras. Incluir en la Constitución que las empresas grandes, nacionales y extranjeras, repartan el 25% de sus beneficios entre sus trabajadores; las medianas, el 20% y las pequeñas, el 15%.

2.3 Incrementar los sueldos, salarios y pensiones a quienes ganan menos, para equilibrarlos o superar el costo de la canasta familiar de los que menos ganan, contribuyendo por esa vía a la ampliación del mercado interno para la producción nacional.

2.4 Estimular la producción de alimentos, medicamentos y de todo lo que necesita la población, integrando la producción agropecuaria al proceso de industrialización y reduciendo las importaciones innecesarias.

2.5 Reorientar la inversión pública en infraestructuras (alcantarillados, calles y contenes) hacia los barrios marginados de las grandes ciudades y las provincias más apartadas de la nación (con carreteras y caminos vecinales); superando la distorsión que representa el dedicar un porcentaje considerable de esa inversión (con túneles y elevados) en el llamado polígono central del Distrito Nacional. Invertir en viviendas económicas para dotar a cada familia de un lugar digno para vivir, superar el déficit habitacional y crear más puestos formales de trabajo.

2.6 Resolver el problema eléctrico partiendo de la rescisión de los onerosos contratos que obligan al Estado a pagar una energía muy cara. Invertir más en presas hidroeléctricas y otras fuentes de energía renovable para abaratar el costo de producir electricidad. Elaborar una política de transporte que permita ahorrar combustibles y ofrecer un mejor servicio a la población de bajos ingresos.

2.7 Frenar el endeudamiento público, especialmente el externo, para evitar nuevos peligros de violación a la soberanía económica y mantener el control del Presupuesto nacional.

2.8 Reorientar el comercio exterior hacia otros grandes mercados, en especial el de la República Popular China, la India y otros países, para reducir su dependencia del mercado estadounidense por un tratado de libre comercio que perjudica los intereses dominicanos.

2.9 Estimular la capacitación científico-técnica de la juventud, mujeres y hombres para superar el atraso económico y social.

2.10 Reorientar la política turística, de manera que beneficie a las comunidades donde se ubican los grandes centros hoteleros y estimular la creación de pequeños hostales para redistribuir los beneficios.

2.11 Distribuir tierra entre campesinos que no tienen o muy poca, dándoles asistencia técnica y financiamiento. Estimular la economía asociativa, en particular cooperativas, en la ciudad y el campo para reducir las desigualdades.

2.12 Integrar la comunidad en el exterior a los planes económicos nacionales, con incentivos para que regresen al país muchos emprendedores-as con equipos, maquinarias, capital, conocimientos y experiencias que les permitan crear pequeñas y medianas empresas para crear más puestos de trabajo.

3.- **Justicia**

3.1 Perseguir eficazmente todos los actos de corrupción, la delincuencia de «cuello blanco» de anteriores gobiernos y del actual, y someter a la justicia a los sospechosos de practicarla, funcionarios y exfuncionarios, buscando recuperar el dinero robado al

Estado para invertirlo en educación, salud y otros servicios.

3.2 Enfrentar con energía la delincuencia común, la criminalidad y el narcotráfico, sin el abuso de los presuntos intercambios de disparos que sólo asesinan a gente de origen humilde. En especial, dedicar atención para frenar los feminicidios y la violencia intrafamiliar.

3.3 Limpiar los organismos de seguridad del Estado de los elementos corruptos y violentos que protegen y estimulan la delincuencia y la criminalidad.

3.4 Precisar la autonomía constitucional del Ministerio Público, para evitar la influencia del partidismo en la Justicia, y fortalecer el Defensor del Pueblo. Escoger a jueces y el procurador general de la República por la Asamblea Nacional.

3.5 Superar la división y manipulación del Poder Judicial para fines continuistas de un presidente y partido, fortaleciendo el poder concentrado de la Justicia con una Suprema Corte de Justicia lo suficientemente fuerte, con sus salas correspondientes.

4.- **Política social**

4.1 Invertir de manera efectiva en la educación el 4% del Producto Interior Bruto (PIB), con los controles correspondientes, procurando siempre una enseñanza de calidad para superar definitivamente el analfabetismo literal y funcional y elevar el nivel educativo de la población. Mejorar las condiciones de trabajo de todos los profesionales y técnicos de los centros en que estudian nuestros niños/as y jóvenes, que deben estar siempre adecuadamente equipados.

4.2 Asignar a la salud un 5% del PIB, para abastecer debidamente a los hospitales, pagar buenos sueldos a médicos, enfermeras y otros profesionales de la salud, con la meta de ofrecer una atención adecuada a cada ciudadano/a.

4.3 Reorientar la Seguridad Social, con una modificación significativa a la ley, de forma tal que sirva realmente a quienes aportan sus cuotas; no a los grandes bancos y empresas que se lucran con las urgentes necesidades de la población.

4.4 Realizar una reforma urbana con participación popular, que desconcentre el financiamiento estatal hasta hoy limitado al sector bancario y se ofrezca a los productores sociales a través de sus organizaciones de economía solidaria y cooperativas.

4.5 Estimular todas las actividades que contribuyan a elevar el nivel cultural de la mayoría de la población.

5.- Medio ambiente y recursos naturales

5.1 Proteger el medio ambiente, como requisito imprescindible para garantizar la vida de millones de dominicanos-as en un ecosistema reducido; sacar las llamadas granceras de los ríos y dunas, evitar la contaminación de nuestras playas y todas las fuentes de agua; reforestar nuestros bosques.

5.2 Proteger nuestros recursos naturales, en especial los mineros, para disfrute de las presentes y futuras generaciones; renegociar o rescindir los contratos que resulten perjudiciales, en especial el del oro que se lleva la Barrick Gold y el ferroníquel la Falconbridge; declarar a loma Miranda parque nacional y recuperar el acceso a nuestras playas para todos los dominicanos-as.

6.- Política exterior

6.1 Implementar una política exterior realmente independiente, que responda a un ejercicio PLENO de la soberanía nacional, incluyendo el incremento del comercio antillano y centroamericano, con la República Popular China, India y otros mercados. Lograr acuerdos comerciales con Cuba y Haití, que contribuyan a reactivar la economía de la devastada nación vecina y a reducir la migración hacia nuestro país. Integrarse efectivamente a los esquemas económicos regionales que resulten beneficiosos para el pueblo dominicano.

6.2 Dedicar nuestras Fuerzas Armadas siempre a su tarea esencial, la defensa de la soberanía nacional, evitando que sean condicionadas por asesores extranjeros. PROHIBIR la presencia en nuestro territorio de tropas foráneas, en presuntas actividades de acción cívica. EVITAR que empresas extranjeras actúen como si fueran un Estado dentro del Estado, como enclaves coloniales que tienen grupos paramilitares, puertos y aeropuertos peligrosos para la soberanía.

6.3 Defender en la ONU y otros foros una política de paz, por la destrucción de las armas nucleares, el cese de la carrera armamentista y la NO injerencia de las grandes potencias en los asuntos internos de países pequeños y medianos, rechazando categóricamente intervenciones militares. TRATAR de conseguir puestos directivos en organismos internacionales (ONU, CELAC, AEC) para defender desde esas tribunas nuestra propia política exterior, no la ajena.

Santo Domingo, abril del 2022

EN EL BICENTENARIO DE MELLA Y 172 ANIVERSARIO DE LA INDEPENDENCIA: CONFRONTAR REALIDAD CON IDEALES

Al conmemorarse el bicentenario del patricio Ramón Matías Mella y el 172 aniversario de la Independencia Nacional (25 y 27/2), para el Frente Amplio el momento histórico es apropiado para confrontar la cruda realidad que vive hoy el pueblo dominicano con los elevados ideales de las y los trinitarios.

Duarte, Sánchez y Mella dirigieron un movimiento político que tenía dos grandes objetivos: lograr la soberanía nacional de este territorio e implantar un régimen democrático.

La independencia se ha visto amenazada e incluso perdida en ocasiones, pero recuperada una y otra vez, como en la Restauración y en 1965, por el valor y la clara conciencia nacionalista de las y los mejores hijos de esta tierra. Hoy es más claro que nunca que este es un Estado soberano, aunque con las limitaciones a la soberanía que toleran los gobiernos serviles al poder imperial.

La implantación de la democracia, como la concebían Duarte, Sánchez, Mella y Luperón, ha tenido más dificultades para desarrollarse adecuadamente por la vocación autoritaria de la mayoría de los gobernantes dominicanos, incluyendo los que han presumido de ser grandes demócratas, y los intereses grupales y foráneos.

En este contexto, por encima de la fanfarria oficial lo que debemos tener presente hoy es en qué medida nuestros ciudadanos/as pueden ejercer sus derechos democráticos, sin que sean mutilados por un Poder Ejecutivo encabezado por un presidente interesado, ante todo, en permanecer en el cargo a cualquier precio; un Congreso Nacional obediente a las acciones corruptoras de ese mandatario y un Poder Judicial incapaz de hacer justicia por la corrupción y descrédito de sus altas cortes.

Y saber también en qué medida se ejerce la soberanía nacional frente a la Barrick Gold, la Falconbridge y otras empresas extranjeras y ante la embajada de Estados Unidos y otras potencias, con sus propuestas de convenios bilaterales que perjudican nuestros derechos como nación, según se vio con lo firmado por el Gobierno dominicano y el embajador de EEUU sobre privilegios para oficiales del Pentágono.

Para el Frente Amplio, el momento es adecuado para que cada ciudadano/a tome decisiones políticas trascendentes, en las elecciones de mayo, que nos acerquen al ideal auténticamente nacionalista y democrático de las y los fundadores de la República.

Santo Domingo, DN – 26/02/2016

POR MEJORES SUELDOS, SALARIOS Y PENSIONES

Cuando militantes izquierdistas y verdaderos dirigentes obreros reclamábamos mejoras en los sueldos y salarios, 40 años atrás, los empresarios, el Gobierno e ideólogos del sistema contestaban que primero era necesario producir riquezas y luego repartirlas.

Ahora es evidente, caminando por calles de Santo Domingo y otras ciudades del país, que hay suficientes recursos materiales acumulados, más los extraídos del subsuelo (oro, ferroníquel...); pero todavía se regatea la pertinencia de distribuirlos adecuadamente. Y peor aún, Gobierno y empresarios actúan, deliberada y enfáticamente, en contra de un mejor reparto de las riquezas creadas y en explotación.

Da la impresión de que esos dos importantes sectores de la sociedad se resisten a entender algo tan sencillo, de sentido común, como la importancia para toda la economía de que la mayoría de la población tenga mayores ingresos, con los cuales podría comprar más bienes y pagar servicios.

La peor incoherencia es del Gobierno, porque el presidente Danilo Medina está convencido de que con 10 mil pesos no se compra nada, como dijo ante empresarios de la construcción hace meses; pero nada ha hecho en tres ocasiones (2012, 2013 y 2014) de elaboración del proyecto de Presupuesto General del Estado para superar esa terrible realidad.

Y la actitud de los grandes capitalistas raya en el cinismo cuando el titular de la Confederación Patronal, Jaime González, habla de estudiar las razones por las cuales se solicita un aumento salarial, como si él no viviera en este país...

Los sindicalistas actuales solicitan un 30 por ciento de alza y eso escandaliza a los patronos, a pesar de que se parte de salarios míseros, en su mayoría inferiores a los 10 mil pesos con los cuales no se compra nada o muy poco.

Economistas y dirigentes del partido Frente Amplio hemos discutido sobre la necesidad de establecer en el país un sueldo mínimo de 25 mil pesos, para cubrir necesidades básicas de la gente que trabaja. Y desde esa cantidad calcular los de profesionales y técnicos, además de los funcionarios, para eliminar los excesivos privilegios y reajustar todos los ingresos, desde esa base, cuando sea necesario.

Es evidente que este régimen peledeísta no está del lado de los trabajadores y empleados (públicos y privados, civiles y militares), técnicos y profesionales; y que los patronos, con el apoyo gubernamental, utilizan tácticas dilatorias en el Comité Nacional de Salarios para impedir un modesto incremento.

Por eso es necesario seguir insistiendo en que sean elevados los sueldos, salarios y pensiones de las personas que menos ganan y profundizar la lucha reivindicativa y política en pro de mejores condiciones de vida para la mayoría de la población, que bien las merece. Y las necesita con urgencia.

Diario *El Día* – 06-02-2015

Nota: El presidente Danilo Medina volvió a exhortar a los empresarios, al finalizar el mes de marzo del 2015, en la llamada Cámara Americana de Comercio, a que aumenten los salarios a los trabajadores, pero nada dijo de incrementar los sueldos a los cientos de miles de empleados públicos que ganan por debajo de diez mil pesos, que «no dan para nada», según él, a quienes él habría podido subir sus ingresos por decreto o introduciendo la propuesta en el Presupuesto General del Estado en los años 2012, 13, 14 y 2015.

AMPLIA
OPOSITORA
MENTO GENERAL DE SALARIOS

PROYECTO DE RESOLUCIÓN POR LA UNIDAD AMPLIA OPOSITORA PARA DERROTAR PLANES REELECCIONISTAS

El Frente Amplio llama a la unidad de todas las fuerzas opositoras para derrotar de manera más contundente los planes reeleccionistas del PLD de quedarse con el poder, a pesar de la ostensible baja en la popularidad de su candidato presidencial.

El respaldo entusiasta de los integrantes de la Convergencia por un Mejor País y de otras organizaciones al candidato a la presidencia Luis Abinader ha ido subiendo su aceptación popular, incluso en las encuestas que parecen contaminadas por el Gobierno, lo que asusta a los danilistas que se creían ganados.

Por eso hacemos un llamado respetuoso y fraterno a los candidatos presidenciales Guillermo Moreno, Minou Tavárez Mirabal y Hatuey Decamps a integrarse a este proyecto con propuestas programáticas para garantizar un triunfo indiscutible en la primera vuelta electoral del 15 de mayo.

Es conocido que el PLD no sólo ha abusado de los recursos del Estado, sino que también ha hecho todo tipo de maniobras en la Junta Central Electoral y el Registro

Civil para excluir a potenciales opositores, especialmente en el extranjero, en particular Estados Unidos, donde ha perdido los últimos procesos electorales.

Por eso se impone la unidad de todos los opositores al continuismo peledeísta para lograr un triunfo abrumador que le resulte imposible al Gobierno desconocerlo, salvo exponiéndose a un estallido popular.

Santo Domingo, 14 de febrero del 2016

Nota: Un resumen de este texto fue sometido y aprobado en la Convención Nacional Electoral del Frente Amplio realizada en esta fecha.

HONREMOS A DUARTE RECHAZANDO PRESENCIA DE SOLDADOS DE EU EN RD

Al cumplirse el 202 aniversario del nacimiento del patricio Juan Pablo Duarte, este 26 de enero, la mejor forma de honrarlo es ratificando la condición de país soberano de República Dominicana frente a cualquier potencia extranjera.

Para el Frente Amplio, ese sentir nacional debe actualizarse hoy con el repudio al tratado militar firmado por el gobierno de Danilo Medina para permitir el ingreso al país de militares estadounidenses, con diversos privilegios.

Con esa acción, el presidente Medina falta a los deberes de su cargo que colocan en primer lugar la defensa efectiva de la soberanía nacional ante cualquier agresión externa o maniobra diplomática que pueda ser perjudicial a los intereses nacionales.

El Frente Amplio considera que ese convenio recién firmado con el embajador de Estados Unidos significa una provocación al sentir nacionalista de los quisqueyanos/as, precisamente en el año en que se conmemora el 50 aniversario de la resistencia contra los interventores estadounidenses que con sus potentes armas mataron a muchos combatientes y parte de la población civil.

Nada hace el presidente Medina con formar una comisión de homenaje a los caídos, al cumplirse el medio siglo de la revolución y guerra patria de abril del 65, si al mismo tiempo compromete la soberanía nacional con actos repudiables que cuestionan la autodeterminación del pueblo.

Para todos los dominicanos/as, Duarte dejó bien establecido, con su vida y sus escritos, el rechazo a toda intervención de otros países en los asuntos internos dominicanos, incluyendo cualquier tratado que afecte en lo más mínimo la soberanía de la nación, según consta en el juramento de los trinitarios y su famosa carta desde Caracas, del año 1865.

Esa soberanía nacional significa, en primer lugar, el rechazo claro a la presencia de soldados extranjeros en nuestro territorio, como lo ha hecho el pueblo dominicano desde 1809, contra el ejército francés; de 1844 al 1856 contra los soldados haitianos; en 1863 en la guerra de la Restauración contra los españoles y desde 1916 al 1924 y en 1965 contra los invasores estadounidenses.

El Frente Amplio llama a todo el pueblo dominicano a honrar la memoria del patricio Juan Pablo Duarte y las y los trinitarios expresando su repudio a ese tratado militar bochornoso que ha firmado el gobierno peledeísta de Danilo Medina.

Santo Domingo, RD, enero del 2015

Nota: Ese convenio firmado por el canciller Andrés Navarro, en nombre del Gobierno dominicano, y el embajador estadounidense, James Brewster, fue rechazado por el Tribunal Constitucional, con la sentencia 315-15, por considerarlo no conforme con la Carta Magna dominicana.

FRENTE AMPLIO CONTINÚA LUCHA DE JUAN PABLO DUARTE

En el 201 aniversario del natalicio de Juan Pablo Duarte, el Frente Amplio reafirma su determinación de continuar la lucha por una patria libre e independiente de toda potencia extranjera, como él la soñó y por la cual actuó con inteligencia y determinación.

Por esa patria trabajó en la formación de La Trinitaria, arriesgó su vida y entregó sus bienes para lograr la Independencia Nacional en 1844. Y regresó a ella en 1864, por Montecristi, de lo cual se cumplen ahora 150 años, para luchar con las armas en las manos en la guerra de la Restauración.

En el contexto actual esto significa que dominicanos y dominicanas tengamos un efectivo control de nuestro territorio, de los recursos naturales; las riquezas mineras, en particular nuestro oro; montañas, bosques y ríos, no solo que el suelo patrio no esté ocupado por tropas extranjeras.

El mismo Fundador de la República lo definió así claramente en su famosa carta desde Caracas, en marzo de 1865, en que advirtió que se oponía resueltamente a cualquier tratado que limitara en lo más mínimo la soberanía nacional.

Fiel a ese legado, el Frente Amplio se mantiene en alerta, junto a otros sectores verdaderamente nacionalistas, para enfrentar cualquier acción de cualquier gobierno que tienda a condicionar la soberanía nacional por parte de las grandes potencias.

El Frente Amplio hace suyo el pensamiento democrático, revolucionario y participativo de Juan Pablo Duarte, sintetizado en su famoso Proyecto de Constitución en que coloca al Poder Municipal, el más cercano al ciudadano común, como el primer poder del Estado, por ser el más representativo.

Como señalara el distinguido historiador Roberto Cassá, en su ensayo Vigencia de Duarte, «en el decurso de los años la obra de Duarte ha dejado una semilla que renace permanentemente. Demasiada sangre ha sido vertida para este logro que asegura un mínimo de libertad y de dignidad a los dominicanos...

«Lo más significativo de Duarte está resumido en los gestos definidores de su vida: la entrega, el desinterés, el sacrificio y la confianza en el porvenir. El es un modelo a seguir del ciudadano hasta el presente».

Es precisamente ese modelo el que siguen los hombres y mujeres del Frente Amplio y la mayoría de los dominicanos y dominicanas, por encima de los burdos intentos seudonacionalistas de sectores que han entregado las riquezas naturales y comprometido el crédito de la República con Estados Unidos y otras potencias.

Santo Domingo, DN, 25 de enero del 2014

EN SU BICENTENARIO

PENSAMIENTO DE DUARTE DEBE GUIAR LAS ACCIONES DEL ESTADO

Al conmemorarse el bicentenario del natalicio del Fundador de la República, el Frente Amplio plantea que el pensamiento duartiano debe guiar las acciones del Estado y de las organizaciones políticas dominicanas.

Juan Pablo Duarte concibió y luchó no sólo por una patria libre e independiente de toda potencia extranjera, sino también protestó, por anticipado, contra «cualquier tratado que tienda a menoscabar en lo más mínimo nuestra Independencia Nacional», en su famosa carta desde Caracas, Venezuela, en 1865.

Esto significa que en la concepción duartiana de soberanía nacional es inaceptable un contrato como el firmado con la Barrick Gold y otras compañías mineras, que ceden nuestros valiosos recursos naturales al poder extranjero, dejando apenas migajas al pueblo dominicano.

Ser fiel hoy a la idea de Estado independiente que tenía Duarte significa rechazar con firmeza ese convenio y exigir la NACIONALIZACIÓN DE LA MINA DE ORO DE LA BARRICK GOLD Y OTRAS EN MANOS DE COMPAÑÍAS EXTRANJERAS.

El Fundador de la República rindió un informe pormenorizado de los gastos de mil pesos que se le entregaron para su viaje a Baní y devolvió lo que le sobró. Actuar de acuerdo con su legado es administrar los recursos del Estado con honradez. Esto se traduce hoy en la necesidad de SOMETER A LA JUSTICIA A LOS CORRUPTOS QUE HAN DESFALCADO LOS FONDOS PÚBLICOS.

En su *Proyecto de Constitución*, Duarte ubicó el Poder Municipal como el primero entre los poderes del Estado, partiendo de las experiencias vividas en el proceso por la consecución de la Independencia Nacional y el destacado rol de los ayuntamientos de entonces.

El patricio hizo una inteligente jerarquización de los poderes del Estado teniendo en cuenta su representatividad, ordenándolos en: Poder Municipal, Legislativo, Judicial y Poder Ejecutivo para lograr UNA SOCIEDAD DEMOCRÁTICA Y PARTICIPATIVA.

En la actualidad esto significa luchar por OTRO TIPO DE GOBIERNO, RENOVAR EL LIDERAZGO Y LA ORIENTACIÓN POLÍTICA DEL ESTADO, para ponerlo al servicio de las grandes mayorías.

Convertir hoy en realidad las ideas de Duarte requiere superar el autoritarismo condensado en el mamotreto de Carta Magna elaborada por Leonel Fernández y sus secuaces, que afrentosamente fue promulgada un 26 de enero.

Fueron Pedro Santana y sus seguidores de entonces y de ahora quienes dejaron a un lado la concepción duartiana y dieron más importancia al Poder Ejecutivo hasta convertirlo en dominante de los otros poderes del Estado.

Ser fiel a ese ideal duartiano, como lo fueron las y los trinitarios, los restauradores, los combatientes del 1916 y los constitucionalistas, militares y civiles, que enfrentaron a los caudillos militares reaccionarios y las tropas yanquis en abril de 1965, significa hoy oponerse a todo convenio que disminuya la soberanía nacional.

Por esa razón, el Frente Amplio se opone y se opondrá a un nuevo acuerdo con el Fondo Monetario Internacional, como han propuesto dirigentes de los partidos tradicionales y otros ideólogos de orientación antinacional.

Fiel a ese ideal duartiano, el Frente Amplio llama a todos los hombres y mujeres nacionalistas y progresistas y sus organizaciones representativas a oponerse con firmeza a cualquier intento de utilización de la isla Saona por Estados Unidos, aunque sea con el pretexto de la lucha contra las drogas, de cuyo consumo ellos son los principales responsables.

En este bicentenario del nacimiento del patricio Juan Pablo Duarte, exhortamos al pueblo dominicano a luchar por el ejercicio pleno de la soberanía nacional, por una sociedad más democrática y un manejo transparente de los recursos del Estado.

¡HONREMOS A DUARTE CON ACCIONES
COHERENTES CON SU VIDA Y OBRA!
¡NACIONALICEMOS LA BARRICK GOLD Y OTRAS
MINAS!°¡LOS CORRUPTOS A LA JUSTICIA!
¡RENOVEMOS EL LIDERAZGO
Y LA ACCIÓN POLÍTICA!

Santo Domingo, RD, enero 24 del 2013

PROFUNDIZAR DEMOCRATIZACIÓN DE LA SOCIEDAD EN 50 ANIVERSARIO DE LA INSURRECCIÓN DE ABRIL

La celebración del 50 aniversario de la Insurrección de Abril es un momento histórico adecuado para insistir en dar continuidad a la profundización del proceso democrático en la sociedad dominicana.

Para el Frente Amplio, la sangre de los/as mártires de abril de 1965 y el nombre de los héroes que sobreviven debe ser un estímulo para convertir en realidad el ideal duartiano de una democracia participativa, cada día más cercana a las grandes mayorías.

El momento es oportuno para el rechazo a todo tipo de práctica o intento antidemocrático, a cualquier retroceso en el ejercicio pleno de los derechos políticos de cada ciudadano y ciudadana. Es una buena época para dejar atrás, definitivamente, las pretensiones continuistas de caudillos desfasados.

El Frente Amplio destaca que fue la unidad de acción de diversos sectores políticos lo que permitió la realización de aquella gesta heroica del pueblo por la democratización de la sociedad y reivindicaciones sociales. Militares y civiles (perredeístas, izquierdistas, socialcristianos e independientes) se lanzaron a las calles en reclamo de la vuelta a la constitucionalidad, repudiando al gobierno del Triunvirato y todo el autoritarismo que representaba.

El ejemplo unitario de los demócratas y patriotas que se sublevaron en abril del 65 debe servir hoy para lograr la unidad de acción de diversas fuerzas políticas con miras a recuperar el oro que se lleva la Barrick Gold, buscando redistribuir las riquezas que producimos todos y todas; salvar nuestros bosques y ríos, entre otras demandas.

El Frente Amplio llama al pueblo a rendir homenaje en diversos actos a los líderes militares y civiles de aquella acción heroica, entre ellos los coroneles Rafael Tomás Fernández Domínguez y Francisco Alberto Caamaño Deñó; a Montes Arache, Lora Fernández, los sargentos de la jefatura de estado mayor del ejército y otros héroes.

También a José Francisco Peña Gómez, Aniana Vargas, Yolanda Guzmán, Piky Lora, Hilda Gautreaux, Emma Tavárez Justo, a Maximiliano Gómez (El Moreno), Asdrúbal Domínguez, Amín Abel Hasbún, Ramón Emilio Mejía (Pichirilo); el combatiente y poeta haitiano Jacques Viaux Renaud; el francés André Riviere, el italiano Illio Capozzi, entre otros y otras.

Santo Domingo, RD, abril del 2015.

¡RATIFIQUEMOS NUESTRA SOBERANÍA NACIONAL EN 50 ANIVERSARIO DE INTERVENCIÓN DE EEUU!

Este cincuenta aniversario de la II intervención militar estadounidense a nuestro país es un momento histórico propicio para reafirmar nuestra condición de Estado soberano, libre de tropas interventoras, como lo ha deseado y ratificado el pueblo dominicano desde que derrotara al ejército francés en 1809.

Para el Frente Amplio, esta es la misma soberanía que fue proclamada por primera vez en 1821, recuperada por los trinitarios en 1844, reconfirmada por los restauradores en 1863, rescatada en 1924, defendida en meses de duros combates contra el ejército más poderoso del mundo y en tortuosas negociaciones con mañosos diplomáticos imperiales, en 1965; hasta su nuevo rescate al final de 1966 con la salida de las tropas norteamericanas.

El Frente Amplio exhorta al pueblo a reafirmar la soberanía nacional defendiendo nuestros recursos naturales, en especial loma Miranda; procurando recuperar nuestro oro; rechazando el peligroso endeudamiento externo, la influencia de asesores militares de

EEUU en nuestras Fuerzas Armadas, la injerencia de la embajada de ese país en nuestros asuntos internos y cualquier acuerdo que perjudique en lo más mínimo nuestros intereses, como el convenio militar firmado recientemente por este gobierno con Estados Unidos.

Al tiempo que dominicanos y dominicanas hemos logrado mantener nuestro territorio sin la presencia de soldados invasores, es evidente que diversos gobiernos se ponen de espalda a este ideal cuando hacen concesiones que deterioran gradualmente esa Independencia Nacional, a pesar de estar claramente establecida en la Carta Magna, incluso en el artículo 3 de la actual.

El partido Frente Amplio advierte que ese artículo plantea con precisión: «Ninguno de los poderes públicos organizados por la presente Constitución puede realizar o permitir la realización de actos que constituyan una intervención directa o indirecta en los asuntos internos o externos de la República Dominicana o una injerencia que atente contra la personalidad e integridad del Estado».

Con la experiencia histórica acumulada, guiada por el ideal de Juan Pablo Duarte y otros próceres, la vigilancia debe ser constante para preservar la Independencia Nacional, vulnerada el 28 de abril de 1965.

El pueblo dominicano cuenta hoy, además, con grandes reservas políticas en las comunidades criollas residentes en el extranjero, en especial quienes viven en EEUU, que en caso de ocurrir otra amenaza o intervención, como la de 1965 o algo parecido, podrían actuar a favor de la defensa de la soberanía nacional, al igual que lo hicieron aquí los soldados y civiles constitucionalistas bajo la dirección del coronel Francisco Alberto Caamaño Deñó, Rafael Tomás Fernández Domínguez y otros héroes y heroínas a quienes hoy rendimos merecido homenaje.

Santo Domingo, RD, abril del 2015

IN AMPLIA OPOSITORA

FRENTE AMPLIO LLAMA A ENFRENTAR AMENAZAS A SOBERANÍA NACIONAL

Al cumplirse el 90 aniversario de la desocupación del país por las tropas de Estados Unidos (el 12-7-2014), el Frente Amplio llama a los/as dominicanos/as a enfrentar las nuevas amenazas a la soberanía nacional

La Barrick Gold, la Falconbridge y otras empresas mineras extranjeras no solo se llevan nuestras riquezas naturales, dejando muy pocos beneficios a los dominicanos, sino también enferman nuestra población, utilizan el agua de nuestras presas, incluso en esta época de sequía, contaminan nuestros ríos y hacen campañas falaces para deforestar más nuestras montañas y apropiarse de otros recursos, como es el caso de loma Miranda.

En este 90 aniversario de la desocupación de los marines estadounidenses, la embajada de Estados Unidos acaba de inaugurar una sede cuyo costo ha sido anunciado en cerca de doscientos millones de dólares, una suma exagerada que envuelve, más que diplomacia, una fortaleza encubierta, peligrosa para nuestra soberanía nacional.

De aquella primera intervención de 1916 quedó el Central Romana, con más de 1,200 kms. cuadrados de territorio, funcionando como si fuera un Estado dentro del Estado. También de esa agresión resultó la larga y cruenta dictadura de Trujillo, con un alto costo en vida y bienes para todo el pueblo dominicano. Y en la segunda intervención de 1965, como continuación de la primera, fue impuesto el régimen represivo de doce años de Joaquín Balaguer.

Contra las nuevas amenazas a la soberanía nacional, el Frente Amplio llama a todo el pueblo dominicano a mantenerse en alerta y rechazar todo lo que signifique un condicionamiento a nuestra condición de Estado soberano: contratos mineros y eléctricos leoninos, el DR/CAFTA, el control de las Fuerzas Armadas por asesores estadounidenses, los ejercicios de tropas extranjeras en nuestro territorio...

Como lo hicieron los guerrilleros del Este, los héroes y heroínas de la batalla de La Barranquita, los hombres y mujeres que en las ciudades y campos enfrentaron a las tropas yanquis en el 1916, por lo cual tuvieron que desocupar nuestro territorio el 12 de julio de 1924 y en 1965.

Y como de seguro lo haríamos también, de ser necesario, no solo los dominicanos/as que hoy habitamos este territorio, sino también quienes se encuentran en Estados Unidos, Alaska, Canadá, México, Europa y otras partes del mundo, lo que garantiza hoy una extraordinaria capacidad defensiva del pueblo dominicano para evitar una nueva ocupación de su territorio.

Santo Domingo, RD, julio del 2014

FRENTE AMPLIO PLANTEA AUDITAR PADRÓN ELECTORAL Y EMPADRONAR A DOMINICANOS EN EL EXTERIOR

El Frente Amplio llama a todos los partidos y movimientos políticos de oposición a exigir a la Junta Central Electoral que agilice el empadronamiento de los dominicanos residentes en el exterior, para superar la sospechosa lentitud de los trabajos.

El padrón electoral del 2012 contaba 328,605 ciudadanos en el extranjero y hasta la fecha tan solo se han registrado algo más de 154 mil dominicanos/as, según declaración reciente de Roberto Rosario, presidente de la JCE.

La lista de electores en el exterior debería alcanzar, por lo menos, entre un 7% a 8% más con relación al padrón nacional, es decir entre 492,800 a 563,440 personas con derecho a voto, por lo que más de 400 mil dominicanos/as no tienen aún sus cédulas.

El cierre del padrón está pautado para el 15 de enero del 2016, lo que significa que al ritmo que van los trabajos muchos dominicanos no conseguirían sus documentos para ejercer el derecho constitucional al voto.

Si relacionamos estos datos con el hecho de que el PLD tiene escasas simpatías entre los dominicanos residentes en el extranjero, donde no llega el clientelismo de las cajitas, entonces se puede llegar a la conclusión de que esta JCE, dominada por los peledeístas, tendría razones particulares para no agilizar esos trabajos, en violación a sus deberes.

El PLD sabe que los votos en el extranjero pueden ser decisivos para perder las próximas elecciones, por lo cual resulta imprescindible que la oposición exija con firmeza el empadronamiento de los dominicanos residentes fuera del país.

Auditoría

Por otro lado, el Frente Amplio plantea que se debe auditar el registro civil y el padrón electoral para determinar cómo han sido afectados tras la sentencia 168-13 del Tribunal Constitucional y la aplicación de la Ley 169-14, en lo referente a ciudadanos dominicanos, nacidos aquí de padres extranjeros.

Esto se hace más urgente por la reciente lista de más de 50 mil ciudadanos dominicanos, publicada por la JCE, en la cual se advierten numerosos errores: nombres sin apellidos, extraños apellidos como ILEGIBLE o NO SE ENTIENDE, entre otros defectos detectables a simple vista.

Las autoridades han dado, aquí y en el extranjero, cifras contradictorias que resultan sospechosas por la conocida manía peledeísta de utilizar todos los recursos del Estado a favor del partido de gobierno e incluso de uno de sus grupos contra otro (antes, del leonelismo contra el danilismo y ahora al revés).

Santo Domingo, RD, julio del 2015

RD PUEDE DISCUTIR TEMA HAITIANO EN UN ESCENARIO FAVORABLE: AEC

En vista de que el Gobierno ha dicho que no hay condiciones para continuar las conversaciones con Haití y la OEA y partiendo del supuesto de que no se va a declarar la guerra ni romper las relaciones diplomáticas, lo que procede ahora es que se busque un escenario favorable, se propongan otros temas y se involucren otros actores para salir del círculo vicioso ya conocido.

Ese escenario podría ser la Asociación de Estados del Caribe (AEC), de la cual fue secretario general por un período y pudo ser reelecto, de haberlo aceptado, el Dr. Rubén Silié, actual embajador en Haití. También fue funcionario, en otra época, el distinguido economista Miguel Ceara Hatton.

Se puede enviar a la sede de la AEC, en Puerto España, una comisión encabezada por Silié e integrada por Ceara Hatton y otros, a discutir un tratado de libre comercio con Haití, que está pendiente desde hace años, al igual que con Cuba, cuya concreción permitiría el funcionamiento de un mercado de más de 30 millones de habitantes en las dos antillas mayores.

En ese contexto, sería posible discutir proyectos de envergadura beneficiosos a los tres países, como la construcción de una carretera por toda la costa norte haitiana, especialmente beneficiosa para Haití, pero también para RD y Cuba, si se agregara un ferry que conectara el extremo occidental de nuestro vecino con la parte más cercana del Oriente cubano. Así podrían cruzar vehículos de aquí hacia Cuba y viceversa, como hoy se hace con Puerto Rico. Lo que potenciaría el turismo y el intercambio comercial, entre otros sectores en que RD tiene ventajas comparativas.

Y aprovechando la buena actitud del actual gobernador de Puerto Rico con la colonia dominicana y RD y las viejas relaciones de Cuba con Jamaica, sería posible en esta época volver hablar de las Antillas Mayores como un espacio geográfico común, como lo mencionaban los cronistas de Indias en sus libros.

Y esto podría lograrse, si hubiese voluntad política, sin peligro de fusión, cada quien en su sitio, porque todavía no se ha logrado la fusión ni entre el Noroeste dominicano y el Suroeste, no hay ni una carretera que comunique esas pobres regiones. Además, 500 años después, los cibaeños siguen hablando con la **i**, los sureños con la **r** y los capitaleños con su **l**. No hay fusión lingüística ni en este territorio...

El maestro de la economía latinoamericana Raúl Prebisch afirmaba hace mucho que en los procesos integracionistas la clave es ponerse de acuerdo en los renglones más importantes de la economía y lo demás vendrá por añadidura...

Si el Gobierno de Danilo Medina y el de Michel Martelly dejaran de contaminar este tema con la politiquería interna y se ocuparan de los asuntos importantes, de seguro se encontrarían soluciones a los problemas más graves.

Santo Domingo, RD, julio del 2015

UNIDAD
AMPLIA
OPOSITORA

OTRO CAMBIO CONSTITUCIONAL: ¿EN RETROCESO O DE AVANCE?

La vida ha demostrado que la Constitución del 2010 causa más problemas a la población de los que resuelve, por lo cual se impone reformarla de nuevo a corto plazo para superar las dificultades creadas y hacer avanzar la sociedad.

Se debe iniciar con tiempo un debate político de altura para someter a un nuevo Congreso Nacional el proyecto original de Ley Fundamental elaborado por un grupo de expertos en derecho constitucional, encabezados por el profesor Luis Gómez Pérez. Por supuesto, esa modificación no puede ser para beneficiar al presidente Danilo Medina, pues estaríamos casi en las mismas, solo cambiando de cara, nombre y estilo de gobernar.

Ese proyecto de Carta Magna fue distorsionado maliciosamente por el entonces presidente Leonel Fernández y sus cómplices, enviando al Congreso Nacional el mamotreto jurídico que hoy complica la vida a cientos de miles de dominicanos y crea serios problemas al Estado en el ámbito internacional.

La sentencia del Tribunal Constitucional que ha originado tantos debates es solo uno de los problemas causados por una Constitución hecha expresamente para ese grupo, políticamente atrasado, mantenerse en el poder, sin importar los daños causados al resto de la población.

Se ha evidenciado, además, que las abultadas y costosas altas cortes solo sirven para proteger la impunidad de exfuncionarios que no pueden demostrar que sus bienes y los de sus testaferros han sido adquiridos lícitamente, en contraposición a lo que establece el artículo 146 de esa misma Constitución, que obliga a los servidores del Estado a demostrar de dónde sacaron las riquezas que ostenten.

Las llamadas altas cortes han servido, también, para la manipulación politiquera de la institucionalidad judicial puesta al servicio del partido de gobierno, en especial del mismo grupo leonelista.

Sentencia tras sentencia, el mal llamado Tribunal Superior Electoral ha favorecido a un solo sector político, con algunas excepciones, demostrando que no tiene calidad jurídica ni moral para impartir justicia en un tema tan delicado como las relaciones entre los partidos.

Más aún, la putrefacción de la Justicia, acentuada al amparo de esta Constitución, se extiende también a la delicada vida económica de la nación cuando los tribunales emiten sentencias de clara protección a funcionarios cuestionados por ciudadanos o empresas, a quienes han perjudicado con sus actuaciones dolosas.

Por todo ello y mucho más, se pone a la orden del día un debate constitucional de altura con las miras puestas en el avance de la sociedad, no en el retroceso...

Santo Domingo, RD, mayo del 2014

ES TIEMPO DE REDISTRIBUIR RIQUEZAS ¡A MOVILIZARSE POR UN SALARIO MÍNIMO!

El Frente Amplio llama en este primero de mayo a las y los trabajadores y empleados, públicos y privados, a movilizarse por un salario mínimo de veinticinco mil pesos por mes, que les permita adquirir los alimentos y otros artículos imprescindibles en la canasta familiar.

Los bancos exigen como ingreso mínimo para préstamos a los adquirientes de viviendas económicas precisamente la suma de veinticinco mil pesos, que equivalen a cuatro veces una cuota de seis mil, con los cuales se puede adquirir un pequeño apartamento, aunque sea estrecho y caluroso. Toda persona que trabaja debe tener posibilidad de adquirir un techo.

Igualmente, se debe demandar aumentar los sueldos, salarios y pensiones a todos los profesionales, técnicos, trabajadores, empleados, pensionados y jubilados/as que ganan menos de 40,000 pesos, quienes constituyen la inmensa mayoría de las y los asalariados del país.

La movilización que se realizará este jueves, primero de mayo, desde la plaza Mauricio Báez, en las calles

San Martín y Leopoldo Navarro, es un buen momento para enarbolar estas demandas ante el mismo Palacio Nacional, donde concluirá la marcha.

Trabajadores y empleados deben reclamar al Gobierno que ponga en práctica una política económica destinada a crear más puestos de trabajo, estimulando las pequeñas y medianas empresas que crean más empleos por capital invertido que las grandes.

Para lograr una mejor redistribución de las riquezas es necesario, igualmente, reducir los impuestos sobre los artículos de consumo masivo, como los alimentos y combustibles (para bajar los precios), y aumentarlos sobre las ganancias excesivas de las grandes compañías nacionales y extranjeras. También se necesita seguir oponiéndose a las pretensiones de los patronos de modificar el Código de Trabajo a su favor y sus deseos de anular el fondo de pensiones de los obreros de la construcción .

El partido Frente Amplio exhorta a profesionales, técnicos, empleados y trabajadores/as a demandar que se estimule la producción nacional de alimentos y de todo lo que necesita la población, integrando la producción agropecuaria al proceso de industrialización y reduciendo importaciones innecesarias, que amenazan el aparato productivo del país.

Santo Domingo, RD, abril del 2014

ASIMILAR EXPERIENCIAS DE LA INSURRECCIÓN DE ABRIL DEL 1965

La Insurrección de Abril de 1965, para reponer el gobierno democrático del profesor Juan Bosch, fue posible gracias a la unidad de acción de los militares constitucionalistas, la dirigencia perredeísta de entonces, la izquierda y, sobre todo, la participación decisiva del pueblo en aquellos acontecimientos.

Para el Frente Amplio esa es la principal experiencia política que puede extraer hoy, y proyectar hacia el futuro, el pueblo dominicano de lo ocurrido hace 49 años, uno de los momentos estelares en la historia patria.

Los grupos criollos partidarios del autoritarismo y la misión militar estadounidense propiciaron el golpe de Estado contra el gobierno legítimo del profesor Bosch para impedir que el pueblo disfrutara de las conquistas políticas, económicas y sociales consagradas en la Constitución de 1963, clara negación de la dictadura de Trujillo.

Los militares constitucionalistas, encabezados por los oficiales Fernández Domínguez, Hernando Ramírez, Caamaño Deñó, Montes Arache, Lora Fernández,

Lachapelle Díaz, los sargentos Lantigua Bravo, Méndez Batista y otros, interpretaron certeramente el sentir popular de retorno a la constitucionalidad sin elecciones y entendieron bien la imperiosa necesidad de coordinar su acción con el liderazgo del doctor José Francisco Peña Gómez, quien llamó a las masas a lanzarse a las calles en aquel histórico día.

Dirigentes y militantes izquierdistas participaron activamente en los combates contra la parte reaccionaria de las Fuerzas Armadas, aportando su experiencia en la conducción de la guerra con combatientes destacados como Juan Miguel Román, Fafa Taveras, Maximiliano Gómez (El Moreno), Asdrúbal Domínguez, Homero Hernández, Amín Abel Hasbún, Silvano Lora, Juan Ramón Mejía (Pichirilo), Roberto Duvergé, Amaury Germán Aristy, Aniana Vargas, Teresita Espaillat, Enma Tavárez Justo, Norge Botello y otros (as).

El hermano pueblo haitiano aportó su cuota de sacrificio en aquellos combates con el mártir Jacques Viau Renaud, del comando integrado por hombres y mujeres del vecino país. También corrió la sangre de los entrenadores italiano y francés Ilio Capocci y André Riviere.

Los hombres y mujeres del Frente Amplio recordamos que fue esa heterogénea confluencia de fuerzas políticas y militares lo que hizo posible el triunfo popular, con la derrota en tres días de los golpistas encabezados por Elías Wessin y la dirigencia civil derechista que personificaba Donald Read Cabral, titular del régimen ilegal del Triunvirato.

Sólo la abusiva intervención de decenas de miles de marines de Estados Unidos, ordenada por el entonces presidente Lyndon Johnson, pudo contener el arrollador avance de las fuerzas populares dominicanas contra los grupos contrarios a sus legítimas aspiraciones de libertades públicas y adecuada redistribución de las riquezas producidas por toda la gente de esta media isla.

La experiencia de la Insurrección de Abril de 1965 demuestra que el pueblo dominicano sí puede alcanzar sus metas más anheladas cuando logra la unidad de acción contra los obstáculos políticos que impiden su victoria.

Santo Domingo, RD, abril del 2014

CELEBREMOS 170 ANIVERSARIO DE LA INDEPENDENCIA LUCHANDO CONTRA LIMITACIONES A SOBERANÍA NACIONAL

En la celebración del 170 aniversario de la Independencia Nacional , el Frente Amplio exhorta al pueblo dominicano a honrar a los fundadores de la República luchando en contra de las limitaciones que han ido creando malos gobiernos para un ejercicio pleno de la soberanía nacional.

Juan Pablo Duarte advirtió con mucha claridad, en su famosa carta desde Caracas en 1865, que se oponía no solo a cualquier protectorado y la presencia de tropas extranjeras en nuestro territorio, sino también a cualquier tratado que menoscabara en lo más mínimo la Independencia.

Y es apenas a un día de cumplirse ese 170 aniversario que vemos en un periódico la información sobre que el Gobierno aumentaría la deuda externa con una nueva emisión de bonos soberanos por mil quinientos millones de dólares.

Durante los más de nueve años de administración peledeísta ininterrumpida se ha advertido una y otra vez sobre los peligros de un aumento desmesurado de la deuda pública, que ya hace tiempo cruzó la raya del 40% del producto interior bruto, considerada la cifra tope por organismos internacionales.

Cualquier estudiante de secundaria sabe la historia de cómo malos gobernantes fueron endeudándonos, desde el comienzo de la República, hasta llegar a la convención dominico-americana de 1907 y la pérdida del control de las aduanas que culminó esa funesta etapa con la primera intervención militar estadounidense de 1916-1924.

Honrar a Duarte, Sánchez, Mella, María Trinidad Sánchez, Luperón y otros/as insignes patriotas significa hoy oponerse con energía a nuevos préstamos internacionales que condicionan el ejercicio pleno de nuestra soberanía nacional.

Honrar a las y los patricios se traduce hoy en la defensa de loma Miranda, de nuestros bosques y ríos; de nuestros minerales, de la producción nacional, de nuestra cultura y todo lo que es propio del pueblo dominicano.

El Frente Amplio exhorta a honrar a quienes dieron su vida por la patria enfrentando los peligros de hoy: la presencia de un Central Romana con más de 1200 km2, funcionando como un Estado dentro del Estado; de una sede diplomática de EU que puede funcionar, de hecho, como una base militar; de enclaves coloniales como los de la Barrick Gold y Falconbridge; del control de nuestras Fuerzas Armadas por asesores estadounidenses y ejercicios militares conjuntos para el mes de abril, fecha del 49 aniversario de la segunda intervención militar, que son una provocación a la conciencia nacionalista del pueblo dominicano.

Santo Domingo, RD, febrero del 2014

HONREMOS A MELLA CON DEFENSA DE SOBERANÌA Y RECLAMO DEL DERECHO A VOTAR DE MILITARES

Este 198 aniversario del nacimiento del patricio Ramón Matías Mella y la celebración del Día de las Fuerzas Armadas es un buen momento para que todos los dominicanos/as reflexionemos sobre la importancia de la defensa permanente de la soberanía nacional y los derechos civiles y políticos de los ciudadanos militares y policías.

El primer tema es de palpitante actualidad en momentos en que el Gobierno de la potencia que nos invadió dos veces en el pasado siglo se dispone a inaugurar una nueva sede diplomática que desde sus alrededores luce como un imponente complejo de edificios más fortificados que los del fuerte (fortaleza) Buchanan en San Juan de Puerto Rico, además del búnker que se ha construido dentro.

Más que la sede de una embajada todo parece indicar que lo que ha construido el Gobierno de Estados Unidos en esta ciudad es, de hecho, una base militar recubierta de ropaje diplomático, con un aeropuerto cerca, lo que se convierte en un serio peligro potencial para la soberanía de este pueblo, por la cual lucharon Duarte, Mella, Sánchez, María Trinidad Sánchez, los trinitarios y muchas/os dominicanos a través de esta historia de más de dos siglos.

Y la celebración de su día encuentra a nuestras Fuerzas Armadas muy infladas que nunca por asesores militares estadounidenses, quienes además entretienen a nuestros militares en tareas que poco o nada tienen que ver con su función fundamental: la defensa de la soberanía nacional.

Por demás, nuestros militares y policías siguen sin ejercer el derecho político a elegir y ser elegidos, que les fue arrebatado en la primera Constitución aprobada, tras una negociación, para la salida de las tropas invasoras estadounidenses que mancillaron nuestra patria desde el 1916 hasta 1924.

Peor aún: recientemente nuestras autoridades militares anunciaron, junto al jefe del comando Sur de Estados Unidos, ejercicios conjuntos, precisamente, en el mes de abril, cuando se conmemorará el 49 aniversario de la segunda intervención militar de EEUU contra nuestro territorio, lo que, de realizarse, sería una verdadera provocación contra la conciencia nacionalista del pueblo dominicano.

En este contexto, el mejor homenaje que se puede rendir hoy al patricio Ramón Matías Mella es que los verdaderos patriotas, dentro y fuera de nuestras Fuerzas Armadas, nos mantengamos vigilantes ante los nuevos peligros que atentan contra nuestra soberanía nacional, como esa embajada con características de base militar, y que apoyemos el derecho que tienen los militares y policías al ejercicio del voto y a vivir en condiciones dignas, con mejores sueldos y pensiones.

Santo Domingo, RD, de febrero del 2014

Redistribución de riquezas
FRENTE AMPLIO PLANTEA SUELDO MÍNIMO DE $25,000

El partido Frente Amplio plantea que es necesario establecer en el país un sueldo mínimo de 25 mil pesos por mes, para poder cubrir los gastos imprescindibles en alimentos, vivienda, ropa y servicios como agua potable, salud, educación, energía eléctrica.

El Gobierno del presidente Danilo Medina dispone ahora de suficientes ingresos para responder a las demandas de los empleados públicos, civiles y militares, por un sueldo que les permita vivir dignamente.

El Estado recibirá este año y cada uno de los tres siguientes cerca de 500 millones de dólares adicionales por la renegociación del contrato con la Barrick Gold, gracias a grandes manifestaciones populares por todo el país.

El Gobierno dispone también de más recursos por la reforma tributaria realizada a fines del año pasado (2012) y recibió mil millones de dólares por préstamos en bonos soberanos.

Puede también recuperar los miles de millones de pesos en desfalcos al Estado por exfuncionarios (Leonel Fernández, Félix Bautista, Víctor Díaz Rúa y otros).

Además, se economizaría miles de millones de pesos rebajando los elevados sueldos de funcionarios. El sueldo público más alto en el país debería ser, como mucho, 375 mil pesos, 15 salarios mínimos y de ahí hacia abajo.

Todavía puede el Estado recibir más dinero si el presidente Medina y sus ministros se deciden a renegociar los contratos eléctricos con los empresarios generadores de energía, que ya es harto conocido son desfavorables para la CDEEE.

Igualmente, el Estado puede conseguir más dinero con solo dejar de exonerar los combustibles y otras mercancías a grandes empresas extranjeras y nacionales, entre ellas la Barrick Gold, Falconbridge, Central Romana y otras. Si un humilde peatón paga pasajes con impuestos, ¿por qué exonerar de ese pago a empresas multimillonarias?

Controlando la corrupción y la evasión de impuestos, cobrando más por artículos de lujo importados y subiendo los impuestos a las ganancias excesivas también puede el Gobierno obtener más ingresos para establecer un sueldo mínimo de 25 mil pesos.

Miles de profesores y otros muchos empleados y trabajadores reclaman en las calles una adecuada redistribución de las riquezas en explotación, como el oro, y las producidas por todas y todos los dominicanos en estos últimos cincuenta años de crecimiento económico.

Así lo han hecho también obreros de la construcción, los cañeros por sus pensiones, los médicos y otros.

Trabajadores, empleados privados y públicos, civiles y militares, todos sienten que no les alcanza lo que ganan para vivir, por la sencilla razón de que los sueldos y salarios son muy bajos, teniendo en cuenta el costo de la canasta familiar de bienes y servicios.

Un aumento general de sueldos para los empleados públicos, civiles y militares, que puede decretar el presidente Medina, serviría de estímulo al sector privado, si no de presión, para que suba los salarios a trabajadores, técnicos medios y profesionales.

El Frente Amplio exhorta a todos los trabajadores y trabajadoras, empleados privados y públicos, civiles y militares, técnicos y profesionales a continuar movilizándose por la redistribución de las riquezas, por sueldos y salarios que permitan vivir decentemente.

Santo Domingo, RD, julio del 2013

SEGUNDA PARTE

QUEJAS POR LA SITUACIÓN ECONÓMICA CUESTIONAN POPULARIDAD DEL GOBIERNO

Para el Frente Amplio, la muy difícil situación económica que vive la gran mayoría de la población cuestiona la supuestamente alta popularidad del Gobierno y el Partido de la Liberación Dominicana.

Para el 67.4% de las personas encuestadas por Gallup las condiciones actuales de la economía del país son malas y muy malas, mientras que casi el 80% (cuatro de cada cinco) de los entrevistados perciben ninguna y pocas posibilidades de salir de la pobreza.

El costo de la vida es el principal problema que enfrentan los dominicanos, afectando especialmente a las mujeres, según respondió el 58%, en promedio, de los entrevistados por la conocida empresa encuestadora.

Si la situación económica de las grandes mayorías empeora, en vez de mejorar; si no se castiga la corrupción, sino, por el contrario, se acentúa en la sobrevaloración de aulas construidas; entonces, ¿en base a qué sería este gobierno tan popular como lo proclama la costosa propaganda oficial?

Si la desigualdad social se acentúa, en vez de disminuir; si la criminalidad mantiene en zozobra a las familias dominicanas, si el Gobierno viola la soberanía nacional firmando un tratado militar con Estados Unidos para permitir el ingreso de tropas en territorio dominicano, ¿cuál es entonces el origen de la supuesta mente elevada popularidad de Danilo Medina?

Lo que aprecia con sensatez una parte de la opinión pública nacional es que el expresidente Leonel Fernández representa una amenaza mayor para la sociedad dominicana, por lo cual un porcentaje de la población ve al presidente Medina como un mal menor.

Pero Medina ni Fernández tienen nada positivo que aportar a la sociedad dominicana de hoy, que reclama un gobierno distinto, que se ocupe de resolver los graves problemas politicos, económicos y sociales que se han empeorado en 14 años de gobiernos peledeístas.

Santo Domingo, RD, febrero del 2015

PLD DEBERÍA SUSPENDER A FERNÁNDEZ DE SU CARGO Y DANILO MEDINA RESPONDER LAS ACUSACIONES

Ante las graves acusaciones de los últimos días contra el presidente del PLD e incluso contra el mandatario Danilo Medina, el Frente Amplio plantea que la dirección del PLD debería suspender de inmediato a Leonel Fernández en su condición de titular de ese partido, por lo menos hasta que se aclare lo dicho por el confeso y condenado narcotraficante Quirino Paulino Castillo.

Además, el presidente Medina debería responder de manera categórica a las acusaciones que hace el diputado Vinicio Castillo Semán sobre que el grupo danilista habría negociado y estaría protegiendo al delincuente mencionado, para utilizarlo contra las aspiraciones de Fernández de volver a la presidencia y a favor del proyecto reeleccionista, que busca la continuidad de Medina en el poder a pesar de la prohibición constitucional.

Estos casos agravan los problemas de corrupción, narcotráfico e impunidad, de los cuales Medina debió rendir cuentas, pero no lo hizo en su discurso del 27 de febrero ante el Congreso Nacional.

El procurador Francisco Domínguez Brito debería interrogar a Paulino Castillo, cuyos abogados dijeron que está a su disposición; a Fernández por la acusación en su contra, al diputado Castillo Semán por lo dicho contra el grupo danilista y a los dirigentes de los movimientos de fanáticos que están pidiendo la muerte de periodistas e incluso del mismo presidente de la República.

De no actuar rápido, el procurador Domínguez Brito debería ser interpelado por una comisión bicameral compuesta por legisladores de diferentes partidos, para despejar las dudas o actuar con energía ante las graves acusaciones que se están haciendo contra los dos principales líderes del partido gobernante.

El Frente Amplio considera que la sociedad dominicana merece y necesita explicaciones claras y precisas sobre estas anomalías y que se actúe con firmeza contra quienes resulten sospechosos de actos delictivos; de lo contrario, los acusados quedarían ante la opinión pública como posibles cómplices.

Santo Domingo, RD, marzo del 2015

LEGISLADORES PUEDEN FRENAR REELECCIÓN Y APORTAR A DEMOCRATIZACIÓN DE LA SOCIEDAD

Los (as) legisladores (as) de diversos partidos y tendencias tienen la extraordinaria oportunidad de aportar a la democratización de la sociedad dominicana rechazando el proyecto de ley que someterá el comité político del PLD al Congreso Nacional, tratando de modificar la Constitución para reintroducir la históricamente nefasta reelección presidencial.

Para el Frente Amplio, el momento histórico es oportuno para dejar atrás definitivamente la etapa de los caudillos que se creen dueños del país desde que llegan a la presidencia de la República y también para rechazar la tentación totalitaria de un partido dominicano, en este caso PLD, al estilo trujillista.

Legisladores y legisladoras pueden mejorar su imagen pública, interpretando adecuadamente el sentir popular favorable a un adecentamiento de la vida política dominicana, que deje atrás el uso abusivo de los recursos del Estado para imponer la voluntad de un hombre o de un grupo.

El presidente Danilo Medina no ha sido coherente con sus palabras sobre que solo le interesaba un período de cuatro años, ni ha sido coherente con sus pronunciamientos sobre los bajos sueldos de empleados públicos y privados, pues ha enviado tres proyectos de Presupuesto Nacional al Congreso (2012, 2013 y 2014) sin una propuesta para mejorar las condiciones de vida de los que menos ganan.

El presidente Medina ha beneficiado ostensiblemente a los más ricos, rebajando impuestos a sus enormes ganancias, mientras suben los precios de los productos de primera necesidad en los que se van los escasos ingresos de los más pobres.

La única acción firme contra un funcionario acusado de corrupción, el senador Félix Bautista, ha tenido un claro objetivo político de hundir a su jefe, Leonel Fernández, pero no un intento serio de frenar la corrupción generalizada, incluso en su gobierno, y recuperar el dinero robado al Estado para invertir en programas sociales urgentes. Por el contrario, ha buscado dinero incesantemente creando incontables deudas públicas, en el país y el extranjero.

Para el Frente Amplio y diversos sectores nacionales, DANILO MEDINA NO MERECE SER REELECTO POR CUATRO AÑOS MÁS.

La sociedad dominicana necesita un gobierno distinto, pluralista, con una amplia base popular para realizar los cambios sociales e institucionales que anhelan las grandes mayorías.

Santo Domingo, RD, abril del 2015

LEGISLADORES(AS): ¡NO ENTREGUEN SUS CABEZAS!

La mancha indeleble es uno de los cuentos más famosos y mejor escritos del profesor Juan Bosch. El autor narra que ingresó a un partido y una voz autoritaria, de un ser que no se dejaba ver, le ordenó que entregara su cabeza. Preguntó, por preguntar, que si se trataba de la cabeza que llevaba sobre sus hombros.

> *¿Cuál va a ser?* -. Le contestó la misma voz autocrática del ser que se hacía sentir por sus actuaciones. Bosch argumentó que necesitaba su cabeza para pensar. *-Aquí Ud. no necesita pensar. Otros pensarán por Ud.-*. Le respondió la misma voz autoritaria del ser que no se veía, pero se sabía que existía.

Bosch concluye, en su excelente cuento (de los mejores de la narrativa dominicana, como los de Fabio Fiallo y otros) que logró escapar de esa encerrona para que entregara su cabeza.

Sería beneficioso para legisladores (as), regidores(as) y concejales de diversas tendencias y partidos que leyeran y releyeran cuidadosamente esta joya literaria del profesor Bosch, para que la disfruten y entiendan mejor lo que significa el pedido del comité político peledeísta.

Por una de esas vainas de la vida, en buen dominicano, o sea, por una de esas ironías de la historia, que explican tan bien el teórico polaco Isaac Deustcher y Henry Kissinger, ahora resulta que el máximo organismo ejecutivo peledeista pide a sus legisladores que hagan, precisamente, lo que Bosch rechazó de manera contundente.

Lo que ha dejado en evidencia este enfrentamiento morado es que la sociedad dominicana no solo necesita un gobierno distinto, sino también un Congreso Nacional diferente, con senadores(as) y diputados que no entreguen sus cabezas, que las usen para pensar y asumir sus responsabilidades.

Una reelección ahora significaría que los combustibles sigan subiendo de precios mientras bajan los del petróleo, que la corrupción del próximo gobierno tape la de éste como éste encubre la del anterior, que continúe el peligroso endeudamiento externo, seguir oyendo promesas de construir presas (como la de Monte Grande) mientras arrecia la sequía, que los empleados públicos y privados sigan ganando mayoritariamente menos de diez mil pesos por mes mientras el presidente Danilo Medina dice que no dan para nada, pero no aumenta los sueldos.

Santo Domingo, RD, mayo del 2015

CHOQUES DE REELECCIONISTAS PERJUDICAN AL PAÍS Y DESCALIFICAN AL PLD PARA SEGUIR EN EL PODER

Los choques entre los dos grupos más fuertes dentro del Partido de la Liberación Dominicana ya causan serios daños a la sociedad dominicana y descalifican al PLD para seguir en el poder más allá del 2016.

Para el Frente Amplio, el presidente Danilo Medina ha sacado a relucir su ambición desmedida de seguir en el cargo, sin importarle el parecer de quien provocó un déficit fiscal de más de 200 mil millones de pesos para ayudarle a llegar donde está.

Los graves problemas de salud, bajos salarios, altos precios de artículos de primera necesidad, desempleo, criminalidad, que enfrenta la mayoría de la población, no son la preocupación principal de quienes gobiernan, sino las maniobras politiqueras para mantenerse en el poder a cualquier precio.

El no trabajar adecuadamente para resolver los problemas nacionales, por lo cual reciben buenos sueldos, es ya un acto de corrupción del presidente Medina y sus funcionarios; además del abuso de los recursos del Estado para «convencer» a legisladores que voten a favor de la reforma constitucional que permitiría la repostulación presidencial.

El Frente Amplio llama al pueblo dominicano a expresar su repudio a esta manera primitiva de hacer política, porque solo causa graves daños a una sociedad que ya enfrenta muchos males, sin que aporten soluciones quienes son pagados para resolver urgentes problemas.

La pugna en el PLD, personificada por Danilo Medina y Leonel Fernández, es una razón más para que las grandes mayorías nacionales se decidan por un cambio de rumbo en la conducción del Estado como el que plantean el Frente Amplio y la Convergencia por un Mejor País.

Una opción de poder que parta de un programa de gobierno que responda a las necesidades más sentidas de la población y a un comportamiento decente de los actores políticos.

Santo Domingo, RD, mayo del 2015

PACTO DE LA IMPUNIDAD AUMENTARÁ CORRUPCIÓN PARA INTENTAR CONSEGUIR LA REELECCIÓN DE DM

El presidente Danilo Medina ha firmado un pacto con el exmandatario Leonel Fernández que garantiza, en primer lugar, la impunidad a destacados seguidores de este último, en especial el senador Félix Bautista, uno de los artífices principales de ese engendro político.

El Frente Amplio llama la atención de la opinión pública sobre que el aspirante reeleccionista Danilo Medina asume ahora todo el descrédito de la corrupción que era acusado Félix Bautista por el procurador Francisco Domínguez Brito, corrupción repudiada por la población.

Al presidente Medina toca también todo el lodo del déficit fiscal causado por Leonel Fernández para ayudarle a subir al poder, déficit denunciado en su escandalosa magnitud por el ministro de ambos, Temístocles Montás, miembro de la corporación del comité político del PLD.

También corresponde a Medina responder ahora, políticamente, por las acusaciones hechas a Leonel Fernández por el antiguo narcotraficante Quirino Ernesto Paulino Castillo.

En síntesis, todo el repudio que generó la actuación del expresidente Fernández y sus colaboradores cercanos recae en este momento sobre el gobernante Danilo Medina y su equipo de funcionarios sedientos de poder, para sacar lo invertido en la costosa campaña del 2012.

Ese pacto se hace como burla a los graves problemas sociales que enfrenta el pueblo dominicano, en especial el de la salud, en medio de una huelga de médicos promovida por un presidente del Colegio que es peledeísta y denuncias de sobrevaloración y vicios de construcción en el hospital Darío Contreras.

El pacto de las dos facciones peledeístas para reformar la Constitución viola, además, los universalmente reconocidos principios de la no retroactividad de las leyes y de no legislar para beneficio propio, dando otro golpe a la precaria institucionalidad dominicana.

El Frente Amplio llama al pueblo dominicano a crear conciencia sobre lo que significa este pacto de Medina y Fernández, que solo puede provocar más corrupción, y a repudiarlo sistemáticamente desde hoy y en las elecciones del 2016.

Santo Domingo, RD, junio del 2015

DANILO MEDINA DEBERÍA TOMAR LICENCIA Y LLEVAR COMANDO REELECCIONISTA AL PLD

El presidente Danilo Medina debería tomarse una licencia hasta que se efectúen las elecciones del 2016, salir del Palacio Nacional y llevarse su comando reeleccionista a la casa presidencial de su partido.

Para la comisión política del Frente Amplio, en su discurso de la noche del miércoles Danilo Medina demostró que no se ocupa a plenitud, en cuerpo y alma, de cumplir con los delicados deberes de sus elevados cargos: Jefe de Estado y de Gobierno de la República, según lo establece la Constitución.

Las expectativas ciudadanas estaban centradas en que el presidente hablaría sobre el delicado tema de la regularización de extranjeros, cuyo plazo se cumplió precisamente ayer, y de las diversas denuncias de compras de votos a legisladores para aprobar la reforma constitucional favorable a su repostulación.

Con su peligrosa indiferencia, el mandatario demostró que no le importaba lo que pudiera pasar entre las miles de personas desesperadas que hacían filas desde hace días ante oficinas oficiales, ni la posible alteración del orden público ni la campaña de presión contra RD por posibles violaciones a los derechos humanos, que podrían incluir a ciudadanos dominicanos de ascendencia haitiana.

Tampoco importa a DM lo que se diga sobre presuntos actos de corrupción para favorecer su continuación en el poder mediante pactos dolosos con su derrotado compañero Leonel Fernández, el dirigente del PRD, Miguel Vargas, y otras cabezas de partidos que razonan con millones de pesos.

Para el Frente Amplio, hay muchos otros problemas peligrosos que requieren explicaciones, al menos, del presidente de la República, como el caso que involucra al director de Aduanas, quien ha denunciado un acto de corrupción en la aprobación de una ley, a lo cual han respondido, defendiéndose, nada más y nada menos que el mismo secretario general del PLD y senador, Reynaldo Pared Pérez, y Charlie Mariotti, también senador cercano al mandatario.

En estas circunstancias, lo que procede es que el presidente se tome una licencia para hacer su campaña reeleccionista, en vista de que su energía mental y fisica no está dedicada a cumplir con los deberes de sus cargos oficiales.

Santo Domingo, RD, junio del 2015

DANILO MEDINA Y SUS SOCIOS SE DESACREDITAN MÁS CON SUS PACTOS CORRUPTOS Y ANTIDEMOCRÁTICOS

Los pactos impuestos recientemente por el presidente Danilo Medina, abusando del poder del Estado para conseguir su repostulación, lo desacreditan más a él y sus socios, peledeístas y de otros partidos, ante los ojos de la mayoría de la población.

Para el Frente Amplio, el presidente Medina que actúa hoy, buscando apoyo de senadores y diputados a cualquier precio, es el político ambicioso, sin escrúpulos, dispuesto a todo; imagen muy distinta a la que empezó a proyectar al inicio de su gobierno, de hombre sencillo y solo interesado en cumplir un período de gobierno.

El mandatario dominicano de hoy, su comité político peledeísta y otros son individuos completamente insensibles a los serios problemas económicos y sociales que vive la mayoría del pueblo dominicano. Su único interés es conseguir votos en el Congreso Nacional para aprobar la reforma a la Constitución de la República en su propio beneficio.

Que el 69% de la población exprese que la economía va por mal camino, según la última encuesta de la Penn and Schoen, no es un problema que preocupe a Danilo Medina, porque su propia economía y la de sus funcionarios más cercanos marcha viento en popa.

No importa al presidente y sus allegados que la inseguridad pública se sienta más en las calles de ciudades y campos, porque si hay un muerto, herido o asaltado, puede ser uno de sus escoltas; no uno de sus familiares.

Tampoco importa al presidente Medina y otros dirigentes desacreditados que la corrupción que disfrutan distraiga fondos que deberían ir a los hospitales para curar enfermos pobres, porque él y ellos van al extranjero y a costosas clínicas dominicanas cuando se enferman.

El Frente Amplio llama al pueblo dominicano a expresar su repudio en las calles contra esta podredumbre reeleccionista.

Santo Domingo, RD, junio del 2015

FRENTE AMPLIO PLANTEA PROFUNDIZAR INVESTIGACIONES SOBRE EL ASESINATO DE BLAS OLIVO

El procurador general de la República debería profundizar las investigaciones sobre el asesinato del periodista Blas Olivo porque se ha generalizado el rumor público sobre que existen indicios de que sí sería un crimen de Estado.

El Frente Amplio plantea que el procurador Francisco Domínguez Brito dedique más tiempo y recursos a esa investigación porque en diversos sectores de la sociedad (entre empresarios, en universidades y otros) se habla de informaciones que tuvo acceso el comunicador, las cuales habrían sido las causantes de su muerte.

Diversas fuentes han dicho que Olivo supo de turbios manejos que se estarían haciendo en las subastas para importaciones multimillonarias de productos agrícolas, las cuales están haciendo subir los precios de artículos de primera necesidad, en vez de bajarlos, como debería ser.

La comisión política del Frente Amplio considera que, ante la gravedad del caso, se justifica la solicitud del presidente del Colegio de Periodistas Dominicanos, Olivo de León, para que le reciba el mandatario Danilo Medina.

De León puede aportar al mismo Presidente de la República los datos que ha recogido el Colegio de Periodistas sobre la muerte de Olivo, para que Medina «no alegue ignorancia» sobre el caso y ordene profundizar las investigaciones.

A la generalizada inseguridad pública que sufren hoy casi todos los ciudadanos dominicanos, se agregan crímenes selectivos como éste que lucen relacionados con la excesiva corrupción gubernamental y privada, por lo cual se necesita la denuncia constante de los ciudadanos-as y el emplazamiento a las autoridades para que cumplan con los deberes de sus cargos.

Santo Domingo, RD, junio del 2015

AMENAZA DE FANÁTICOS CONTRA PERIODISTAS ES RESPONSABILIDAD DEL GOBIERNO DEL PLD

El gobierno peledeísta de Danilo Medina es el principal responsable de la amenaza de muerte contra los periodistas Huchi Lora, Juan Bolívar Díaz, Amelia Deschamps, Roberto Cavada y otros dominicanos/as.

El Frente Amplio emplaza al presidente Medina a que asuma su responsabilidad y que se pronuncie y actúe de manera enérgica para detener esta ola de vandalismo político que promueven sus aliados de la mal llamada Fuerza Nacional Progresista.

La lucha grupal entre los seguidores de Medina y Leonel Fernández ha contribuido a crear este clima de intolerancia política, por su afán de quedarse con el poder a cualquier precio y usar cualquier medio para conseguir popularidad.

Y por querer desviar la atención pública de los grandes problemas de corrupción, desempleo, desigualdad social, basura por todas partes, delincuencia, criminalidad y otros males que sufre la mayoría de la población.

El Frente Amplio recuerda que esta lucha de facciones, que nada tienen de patrióticas, ya causó la muerte de un regidor, mandado a ejecutar por su propio compañero del PLD, el alcalde de Bayaguana.

Si se matan entre ellos por un cargo oficial, ejercido por muchos para enriquecerse, no es de extrañar que quieran matar a todo el que no comulgue con sus ideas atrasadas y que denuncie el desfalco de los fondos públicos.

Los farsantes que presumen de nacionalistas frente a los haitianos son los mismos que tienen otra actitud ante el tratado militar firmado por el gobierno de Danilo Medina con Estados Unidos para el estacionamiento de tropas estadounidenses en territorio dominicano, en contra de lo que establece la actual Constitución de la República, de lo que dejó claramente establecido Juan Pablo Duarte en su *Proyecto de Constitución* y en su famosa carta desde Caracas, fechada 7 de marzo del 1865.

Los haitianos vienen a este país por la misma causa que van dominicanos a Puerto Rico, Estados Unidos, España y otros países. Ese flujo migratorio no se detendrá mientras no se creen mejores condiciones de vida tanto en República Dominicana como en Haití.

Después que haya más puestos de trabajo en ambas partes, a lo cual ayudaría el incentivo al intercambio de mercancías con un tratado de libre comercio, entonces habría un ambiente apropiado para regularizar el estatus de los migrantes. Es la experiencia vivida en otros países. El gobierno de Puerto Rico está dando un ejemplo, recientemente, con el trato a los dominicanos indocumentados residentes en ese país.

Toca al gobierno de Danilo Medina ejercer su autoridad frenando a los paleros vinchistas que han amenazado a los comunicadores Huchi Lora, Juan Bolívar Díaz, Amelia Deschamps y Roberto Cavada, por el simple hecho de expresar sus opiniones favorables a un trato civilizado de un problema complejo.

Santo Domingo, RD, febrero del 2015

INVESTIGACIÓN CONTRA LULA POR CORRUPCIÓN EMBARRA A GOBIERNO RD CON LA ODEBRETCH

El inicio de una investigación penal contra el expresidente brasileño Luis Ignacio (Lula) Da Silva embarra al Gobierno dominicano por sus fuertes vínculos con él, su asesor político Joao Santana y la compañía Odebretch, con numerosas obras sobrevaloradas, realizadas en este país.

La reciente visita del canciller brasileño y su encuentro con el presidente Danilo Medina está relacionada con esa investigación por presunto tráfico de influencia a favor de la compañía brasileña, que ha ganado un contrato para construir la planta a carbón de Punta Catalina, en Baní, con un presupuesto que es más del doble de una oferta de una compañía china.

Para el Frente Amplio, la generalizada corrupción influye en otros dos graves problemas que preocupan a la mayoría de los dominicanos/as: la creciente ola delictiva y criminal más el deterioro de la economía de los sectores empobrecidos y las capas medias de la población.

Las recientes encuestas publicadas en el país confirman que esos son los tres principales problemas que agobian a los dominicanos/as: la inseguridad pública, las alzas de precios junto al alto desempleo y la corrupción gubernamental.

Estos problemas se agravan con el afán reeleccionista del presidente Medina y su grupo, que abusan de los recursos del Estado para favorecer sus intereses particulares y descuidan los deberes de sus cargos, contrariando lo establecido en la Constitución y leyes adjetivas.

En estas circunstancias, es más que válida la propuesta del Frente Amplio y la Convergencia por un Mejor País de un gobierno distinto que surja de las próximas elecciones del 2016.

Santo Domingo, RD, julio del 2015

Nota: Al comienzo del año 2016, Joao Santana, asesor del presidente Danilo Medina, y su esposa fueron requeridos por la Justicia brasileña y se encuentran en prisión.

EL JINETE REELECCIONISTA SOBRE EL CABALLO MIGRATORIO

El 17 del pasado mes (de junio) quedará en la historia dominicana como una fecha importante. Ese día se cumplió el plazo de regularización de extranjeros, sobre el cual el Gobierno hizo toda una costosa campaña para que se conociera y poco antes anunció un discurso presidencial por 400 medios de comunicación.

Las expectativas de la población estaban concentradas en que el presidente Danilo Medina hablaría de ese plazo fatal y de las denuncias de corrupción en el Congreso Nacional, en especial entre los diputados, para aprobar la reforma constitucional que permitiera la reelección.

Medina burló las expectativas de la opinión pública, no habló de lo que interesaba a la mayoría de la población, sino de su proyecto personal de repostularse, usando y abusando de todos los recursos del Estado, hasta de la bandera nacional. Demostrando que no le importaba mucho el tema de la regularización de extranjeros, en su mayoría haitianos.

Fue un discurso a la defensiva, consciente de que mostraba su incoherencia con la posición anterior de antirreeleccionista convencido. Consciente también de que su popularidad había bajado considerablemente desde que aplastara a su companero, Leonel Fernández, en el comité político del PLD y en el Congreso, con la modificación de la Carta Magna para el impopular y funesto propósito reeleccionista, también con los recursos del Estado que en el 2007 le habían vencido.

Poco después, el mandatario salió al extranjero y allá se mostró como un aguerrido nacionalista. Y aquí sus bocinas repetían que había que apoyarle porque estaba defendiendo la patria. Parecía una jugada perfecta. La defensa del pronunciamiento presidencial seudonacionalista se convertía en la defensa implícita o expresa del proyecto de su grupo. El jinete reeleccionista se montaba en el brioso caballo del legítimo deseo de la mayoría de la población de que se regule la inmigración.

Pero el presidente y sus costosos asesores extranjeros y nacionales cometieron un error elemental, no vieron lo que está a la vista, lo que no se necesita espejuelos para ver: si ese legítimo deseo de la población significara automáticamente votos, independientemente de otros elementos, la Fuerza Nacional Progresista sería el partido más poderoso del país. Pero en la realidad no solo no lo es, sino que su salida del Gobierno fue considerada beneficiosa para la nación por dos de cada tres dominicanos, según diversos sondeos realizados entonces.

Además, el ambicioso proyecto reeleccionista significa no solo minimizar las acusaciones contra el hasta hace poco asediado senador Félix Bautista, sino que ya está entre los hombres de confianza del presidente, recorriendo el país en su nombre para hacer amarres, como hombre clave en dos comisiones peledeístas. Se cayó la careta de la lucha anticorrupción y de paso queda mal parado un presidenciable peledeísta, el procurador de la República. Domínguez Brito y todo el Gobierno quedan ahora al nivel de La Lupe (La Yiyiyi), con su inolvidable: **Teatro, lo tuyo es puro teatro; guion de telenovela, estudiado simulacro**.

No es una coincidencia, entonces, sino parte del plan reeleccionista, que el presidente tenga engavetado el reglamento de aplicación de la Ley 311/14 sobre Declaración Jurada de Patrimonio de los funcionarios. Ahora todos los sospechosos y beneficiarios de la corrupción son necesarios para hacer campaña a favor de Danilo Medina. Todo es más de lo mismo. Se acabó corregir lo que está mal...

A esta frustración colectiva se suman los miles de jóvenes que salen de las universidades y no encuentran trabajo, los pequeños y medianos empresarios que sienten que sus negocios no arrancan por falta de pesos en las calles, los cientos de miles de empleados públicos y privados que ganan menos de $10,000 al mes, a pesar de que el presidente dijo que no dan para nada; los que compran artículos de primera necesidad cada día más caros, los estafados por la Seguridad Social que no encuentran refugio en la mayoría de hospitales en remodelación, los perjudicados por los apagones y la falta de agua potable, los empresarios espantados por el excesivo endeudamiento público y, lo más grave, los muchos ciudadanos/as que se sienten inseguros/as en las calles.

En estas circunstancias, no solo es posible sino una necesidad la sustitución de este Gobierno en las elecciones del 2016 por una amplia convergencia de fuerzas democráticas con un programa transformador de esta realidad, un Congreso Nacional y una Justicia independientes, tal como lo ha planteado el Frente Amplio.

Santo Domingo, RD, julio del 2015

TRES AÑOS DE GOBIERNO EVIDENCIAN FRACASO DE DANILO MEDINA Y EL PLD

Al cumplirse este 16 de agosto (del 2015) tres años de gobierno es evidente en las calles el gran fracaso de Danilo Medina y el PLD para garantizar la vida de los dominicanos, dirigir la economía con beneficios para la mayoría de la población y aportar eficientes servicios sociales.

Para el Frente Amplio, queda claro para quienes quieran ver y oír que se hace imprescindible, en las elecciones de mayo del 2016, sustituir este régimen por un gobierno distinto, lograr un Congreso Nacional independiente, una Justicia y unos ayuntamientos que funcionen con equidad para todos y todas.

Los recientes cambios de funcionarios decretados por el presidente Medina y los que pueda hacer en lo adelante no resolverán los graves problemas de la elevada criminalidad, de los altos precios en productos de primera necesidad, en particular los combustibles; el desempleo que golpea más a jóvenes y mujeres, el deterioro de los hospitales, la corrupción e impunidad, el peligroso endeudamiento público, los dañinos apagones y la falta de agua.

En el año que le queda, el presidente Medina podría, a lo sumo, si tuviera el deseo, someter al Congreso o decretar un aumento de los bajísimos sueldos de los empleados públicos y llevarlos al mínimo de 25 mil pesos, que lo gana menos del 20% de la población, la cifra más baja para obtener un préstamo en los bancos que permita a cada trabajador/a abrigar la esperanza de obtener un apartamentico, aunque sea estrecho y caluroso.

Podría también, entre otras cosas, mejorar en algo la calidad de la educación, en vez de afanarse en construir aulas sobrevaluadas para sacar dinero destinado al proyecto reeleccionista, por el cual los funcionarios no cumplen sus deberes. Debería, igualmente, terminar los hospitales a medio construir y ponerlos a funcionar adecuadamente.

En estas circunstancias, se hace imprescindible continuar las manifestaciones sociales para que el Gobierno responda a las demandas de las provincias y barrios de la capital, por diversas obras, como se han efectuado recientemente en Higuey, Monte Plata, San Francisco de Macorís, Villa Trina y otras comunidades.

También es necesario continuar las denuncias de los actos sospechosos de corrupción cometidos por diversos funcionarios y exfuncionarios, que el presidente Medina y la Suprema Corte de Justicia pretenden dejar impunes, como se evidencia en los casos del senador Félix Bautista y los alcaldes Félix Rodríguez Grullón y Raúl Mondesí, de San Francisco y San Cristóbal.

SALUD.- Por encima de encuestas manipuladas, la cruda realidad es que el gobierno de Medina ha fracasado en una cuestión clave: la atención en salud a la mayoría de la población, evidente otra vez con los nuevos brotes y muertes por enfermedades endémicas como el dengue. Este es el resultado de una política de salud que no enfatiza la prevención, sino la construcción de centros sanitarios, que dejan buenas comisiones y se entregan a patronatos privados, en perjuicio de los hospitales a que acuden los pobres. En los cuales, además, se nombran empleados que no trabajan. Mientras aumentan la desnutrición, la mortalidad materna e infantil y el embarazo de las adolescentes. La falta de recursos para el sector salud justifica la demanda de que se invierta el 5% del producto interno bruto en esa área. También se debe modificar la Ley de Seguridad Social que ha beneficiado más a los banqueros que a los trabajadores.

EDUCACIÓN.- El Gobierno se montó en la ola popular favorable a que se dedicara el 4% del PBI para la educación, pero lo hizo poniendo énfasis en la construcción de obras sobrevaloradas, descuidando la formación de los maestros, el nombramiento de más, pagar mejores sueldos, en fin, mejorando los educadores, razón por la cual se repiten los estudios nacionales e internacionales que confirman la baja calidad de la educación en RD.

SEGURIDAD CIUDADANA.- El gobierno peledeísta ha fracasado también en garantizar a los ciudadanos un mínimo de seguridad, razón por la cual diversos asesinatos se repiten a diario, incluyendo contra humildes policías y militares ultimados para quitarles sus armas; mientras otros matan indiscriminadamente, incluso a inocentes, porque los victimarios no son castigados y parece que ninguno ha sido entrenado para dominar un presunto delincuente sin tener que matar. En la capital, Santiago y otras ciudades han disminuido las actividades nocturnas, aumentando la quiebra de pequeños negocios y el desempleo, porque la gente tiene miedo de salir de noche. Este problema se agrava, por el lado de la justicia, porque se han visto casos de fiscales involucrados en hechos delictivos.

SALARIOS, EMPLEOS, IMPUESTOS Y DESIGUALDAD SOCIAL.- El presidente admite su fracaso ante los bajos ingresos de la población. Ha pedido otra vez salarios dignos, como si él fuera un dirigente de oposición, como si no hubiera tenido el poder para decretar un aumento general de sueldos o someterlo en los proyectos de Presupuesto nacional del 2012, 13 y 2014 o ahora en el 2015. Peor aún, su ministro de Administración Pública, Ramón Ventura Camejo, ha dicho que sólo falta la firma del mandatario para el reglamento de la ley que supuestamente comenzaría a mejorar los ingresos de los empleados públicos. Sin embargo, lo que ha ocurrido es aprobar más impuestos a productos de primera necesidad, bajarlos a las ganancias de los ricos y acentuar la desigualdad social. Mientras el desempleo sigue alto, en alrededor del 15%, y el empleo informal supera el 50%.

ENERGÍA, MEDIO AMBIENTE Y AGUA.- Los jefes de la CDEEE fracasan en resolver el grave problema de los apagones, porque Medina y sus funcionarios NO tuvieron suficiente coraje para revisar los contratos eléctricos, cediendo a la presión de la embajada de Estados Unidos y los grandes generadores criollos, financiadores de las campañas del PLD. Con la agravante de que la solución propuesta para acabar con los apagones es la instalación de dos plantas a carbón, sobrevaloradas en más del 100%, ubicadas en terrenos de los Vicini, para poner bajo control de esta familia el 70% de la producción de energía, un verdadero monopolio, y luego subir las tarifas a su antojo.

En medio de la sequía, con daños que podrían ser irreversibles en el medio ambiente y sufrimientos de la población, ahora es que el Gobierno prohíbe la depredación de bosques y ríos, pero solo durante el período de pocas lluvias. No se ha terminado la presa de Monte Grande, en el Sur, ni la de Guaiguí, en La Vega, ni se inicia una en el Este, mientras se pierde el agua en el mar cuando llueve y falta en sequías como la actual por la incompetencia e imprevisión del Gobierno.

DÉFICIT FISCAL Y DEUDA PÚBLICA.- Medina admite, en los hechos, su complicidad y fracaso en enfrentar el problema del déficit fiscal, dejado por Fernández, que su propio gobierno denunció; por lo cual recurre a más préstamos, nacionales e internacionales, que ya sobrepasan los 30 mil millones de dólares, alrededor del 50% del producto interno bruto, a pesar de que es bien conocido que después del 40% ya la situación es peligrosa para economías como la nuestra.

REPOSTULACIÓN.- El presidente Medina demostró su falta de escrúpulos, el incumplimiento de la palabra empeñada de supuesto antirreeleccionista convencido y la venganza contra su compañero Leonel Fernández usando todos los recursos del Estado para vencer a éste en el comité político de su partido y el Congreso Nacional, imponiendo la modificación a la Constitución para intentar reelegirse.

La repostulación de Medina enfrenta a toda la oposición política, a organizaciones de la sociedad civil y a distintos sectores de la población que han realizado cientos de protestas en lo que va de gobierno. Este intento reeleccionista conlleva el abuso de los recursos del Estado, otro exceso de corrupción, impunidad para los acusados, generando un déficit fiscal mayor que el de 2012, efectuado por Fernández para beneficio de Medina, a pesar de lo cual el PLD solo obtuvo el 37% de los votos.

La popularidad en baja del presidente le ha llevado a utilizar maliciosamente el deseo legítimo de la población de que se regularice la inmigración haitiana para convertir ese tema en caballo de batalla para el reeleccionismo, como si el pueblo fuera tonto para no diferenciar un problema de otro.

Sin embargo, el fortalecimiento del Frente Amplio y la Convergencia por un Mejor País, ahora con la incorporación del partido Dominicanos por el Cambio, se levantan como esperanza para dominicanos/as superar esta tragedia en mayo del 2016.

Santo Domingo, RD, agosto del 2015

DM IMPONE LA REPOSTULACIÓN MIENTRAS BAJA SU CREDIBILIDAD

El presidente Danilo Medina ha impuesto su repostulación, abusando de los recursos del Estado, en medio de una evidente baja de su credibilidad pública. Para el Frente Amplio, la proclamación de Medina como candidato del PLD se hace, además, acentuando el disgusto dentro de su propio partido, que se expresó en la ausencia de 726 delegados, más del 25% del total convocado: 2,831, según un comunicado de esa organización sobre su convención. Malestar reconocido por el mismo mandatario en su discurso de aceptación, cuando llamó a olvidar los rencores.

También se hace esa proclamación de candidatura sobre la base de un endeudamiento externo sin precedentes en la historia de la República, con una emisión de deuda soberana de 3,500 (TRES MIL QUINIENTOS) millones de dólares SOLO en el primer semestre del 2015, según el informe *Global Economics*, de agosto 2015, en el portal *scotiabank.com* y de Bloomberg, reproducido en la prensa local.

Y como si eso fuera poco, el Gobierno succiona el dinero en circulación que debería ir a las empresas privadas para crear nuevos empleos, como se explica en un artículo del periódico El Mercantil (No. 70, agosto 2015). «Un mercado de valores donde el 98.68% (NOVENTA Y OCHO) de lo que se transa en pesos corresponde a emisiones de deuda del Ministerio de Hacienda y Banco Central, sirve de canalizador del ahorro hacia el gasto público, pero no hacia la inversión productiva de las empresas dominicanas».

«Basta salir a las calles», no para ver el progreso, como dice el presidente Medina, sino para sentir la inseguridad pública, el temor de los ciudadanos/as a ser asaltados, heridos o asesinados en cualquier momento. Además, de la miseria que se ve en barrios populares, el desempleo, bajos ingresos, los apagones, falta de agua, la mucha basura y el deterioro de calles, aceras y contenes, entre otros problemas.

Esa cruda realidad se refleja en sondeos realizados por *Z101digital.com*, en el cual de casi 20,000 (VEINTE MIL) personas solo un 41% dice que votaría por Medina en las elecciones del 2016. El 46% se inclina ya por Luis Abinader y un 8% por Guillermo Moreno. Y ante la pregunta: ¿Piensa ud. que los danilistas respetarán el pacto firmado con los leonelistas a lo interno del PLD? El 67% responde que NO y apenas el 33% confía en lo dicho por el presidente, según *El Día* (31/8/15). Más claro aún: ¿Cree Ud. que el presidente Medina cumplirá su juramento de no volver a repostularse? El 68%

no confía en la palabra del mandatario, apenas 32% le cree, conforme registra el diario *El Caribe* (31/8/15).

Estas cifras y opiniones confirman la validez de la política del Frente Amplio expresada en la conformación de la Convergencia por un Mejor País que busca aglutinar a la mayor parte de la oposición para instalar en el 2016 un gobierno distinto con un programa que responda a las más sentidas aspiraciones populares.

Santo Domingo, RD, septiembre del 2015

FRENTE
AMPLIO

«CUESTA ABAJO EN LA RODADA...»

Aunque los funcionarios y propagandistas del gobierno de Danilo Medina siguen pregonando una supuestamente alta popularidad, la realidad es que en los últimos sondeos de diversos medios dominicanos resulta evidente que está como el tango: «Ahora, cuesta abajo en la rodada...».

El diario *HOY* (20-8-15) pregunta: «¿Cómo evalúa Ud. los tres primeros años del Gobierno de DM?». Las respuestas son: regular – 28%; bueno – 23%; malo – 23%; excelente – 16; pésimo – 10%. Sumando bueno y excelente tenemos 39%; malo y pésimo igual a 33%. Dividiendo regular (28) entre dos = 14% para cada bando con este resultado: 39% más 14% = a 53% (pro Gobierno) y 33% más 14 = 47% favorable a la oposición.

En el periódico *EL DÍA* (14-8-15): «¿Comparando los 3 años de Danilo con los últimos 3 de Leonel, cuál piensa Ud. que ha sido mejor?». La respuesta fue 51% para Medina y 49% para Fernández; es decir, se rompió el encanto de la diferencia que hizo la población al inicio del régimen.

En esa misma fecha, *Listín Diario* preguntó: «¿Percibe Ud. los logros de los primeros 3 años del Gobierno de Medina?». La respuesta fue: SI - 39% --- NO – 61%. Y *El Caribe* del 15-8-15 planteó: «¿Cree que el presidente DM debe gobernar 4 años más?». La respuesta fue: NO – 58.6% --SI – 41.4%. *Listín Diario* del 18-8-15 hace otra pregunta: «¿Percibe Ud. la inversión de $44 mil millones que ha hecho el Gobierno en el sector agropecuario en los últimos tres años?». La respuesta fue: SÍ – 28% -- NO – 72%.

Más de 12,000 (DOCE MIL) personas han participado en la encuesta del portal *Z101digital.com* con una tendencia sostenida de varios días en que el presidente Medina obtiene alrededor del 46% y Luis Abinader el 43%, sin incluir el porcentaje correspondiente a Eduardo Estrella (D x C), quien ya formalizó su apoyo al candidato del PRM.

Estas cifras confirman la tendencia a la baja que ya se advertía en las llamadas encuestas «científicas», como la última de la Gallup, en la cual Medina bajó a un 62%, relativamente alto, pero cuestionable por las contradictorias quejas de la población por problemas que se supone debe resolver precisamente el gobernante de turno. Y en esos días se publicó otra encuesta del semanario *El Dinero* en la cual el presidente solo obtuvo 54%.

Hay que destacar que aún la Convergencia por un Mejor País no ha escogido el candidato común y no ha desplegado todas sus posibilidades, pues además de la participación del Frente Amplio, que propuso esta alianza, y el Partido Humanista, se mantienen conversaciones con el PRSD, la Alianza por la Democracia, el PNVC, Alianza País, Movimiento Rebelde, Foro

Renovador, Ciudadanos/as x la Democracia, La Multitud, entre otras entidades y cientos de candidatos/as independientes y de otros partidos.

La perspectiva es que se forje un gran frente opositor basado en un programa que sintetice las aspiraciones populares por instalar un gobierno distinto, que se ocupe de la seguridad de los ciudadanos en las calles, que influya para bajar los precios de los productos de primera necesidad, que suba los sueldos a un mínimo de $25 mil; que resuelva el problema eléctrico, que invierta en nuevas represas para paliar las sequías, que se ocupe de los hospitales, entre otros problemas. Además, se hace imprescindible un Congreso, una Justicia y JCE independientes y ayuntamientos que funcionen sin ser carcomidos por la corrupción.

Santo Domingo, RD, septiembre del 2015

Cambiar de Verdad
FIDEL

UNA CORRIENTE DE OPINIÓN CUESTA ABAJO

El gran maestro de la historia dominicana, José Gabriel García, utilizaba con propiedad el término corriente de opinión ya a mediados del siglo XIX. Precisó en una de sus obras que cuando se dio a conocer el manifiesto del 16 de enero de 1844 ya existía un sentimiento favorable a la Independencia Nacional.

En la historia dominicana reciente es fácil advertir, incluso por jóvenes, que en 1999-2000 existía una corriente de opinión contraria a la continuación del «comesolismo» e inclinada al candidato opositor de entonces, Hipólito Mejía. Y al final del siguiente período se invirtió la tendencia: el repudiado era el candidato perredeísta y favorecido por la opinión pública el opositor Leonel Fernández.

Al inicio del gobierno de Danilo Medina, el repudio popular, estimulado incluso por su grupo, se concentró en LF. Y el actual mandatario recogió la simpatía, contraria al proceder de su compañero de partido. Ahora ya es evidente que existe otra corriente adversa a la práctica de Medina, percibida igual o peor que la de LF, y favorable al opositor Luis Abinader.

Así lo evidencian sondeos de diversos medios. Ante la pregunta de *El Caribe* (8-9-15 – edición impresa): ¿Cree que en el país hay más corrupción que en Guatemala, como afirma Luis Abinader? La respuesta es: SI – 77.8% – NO – 21.2%. Y en la edición digital (3:oo pm): ¿Piensa que los dominicanos viven una época de bienestar económico, como afirma el presidente Danilo Medina? SÍ- 14.2% (257) --- NO – 85.8% (1559). Igual en ese diario (4-9-15): ¿Comparte las críticas que hace L. Abinader a las visitas-sorpresas del presidente DM? El 54.6% contestó -SI y el 45.4% - NO.

En *HOY* (8-9-15 – 1:17 pm): ¿Cree usted o no que las visitas sorpresas ayudan a solucionar los problemas de las comunidades que visita el presidente DM?: NO (56%) - Sí (44%). *EL DÍA* (7-9-15 – 1:00 pm): ¿Ha hecho el Gobierno lo adecuado para mitigar los efectos de la sequía en el campo? - No (92%) - Sí (8%). *Listín Diario* (7-9-15 – 12:53 pm): ¿Cree Ud. que los implicados en el caso DICAN (PN) serán condenados? SI – 44% --NO – 56%.

Y en el sondeo del digital de la Z101, con más de 22 mil (VEINTIDÓS MIL) participantes (hasta el 5-9-15), se planteaba: ¿Por quién votaría Ud. en el 2016? La respuesta fue 39.67% (8,568 votos) por DM y 46.87% (10,123) por Abinader. Desde este lunes se hace la misma pregunta, solo con quienes quedan como candidatos. El resultado es (8-9-15 – 2:05 pm): DM – 43.16% – L. Abinader – 40.43% – Q. Antún – 3.52% – G. Moreno – 9.86% - Juan Cohén (PNVC) – 3.03%.

Estas cifras confirman las anteriores. *El Caribe* (1-9-15): ¿Cree que el presidente DM cumplirá su juramento de no volver a reelegirse? Sólo 33% contestó SI y 67% dijo NO. *Listín Diario* de la misma fecha ratificó la desconfianza en la palabra presidencial, solo 40% respondió SI y 60% NO a una pregunta parecida. Además: ¿Piensa Ud. que los danilistas respetarán el pacto firmado con los leonelistas en el PLD? Lectores de *EL DÍA* (1-9-15) contestaron NO – 67% y SI- 33%.

Estos datos ratifican la validez de la política del Frente Amplio en la conformación de la Convergencia, que busca aglutinar a la mayoría de la oposición para instalar en el 2016 un gobierno distinto, encabezado por Luis Abinader; con un programa que responda a las aspiraciones populares. Procurando también un Congreso, Justicia y JCE independientes y ayuntamientos que trabajen a favor de la población de manera transparente.

Santo Domingo, RD, octubre del 2015

FRENTE
AMPLIO

UN MES CON LA POPULARIDAD CUESTA ABAJO

Los sondeos realizados por diversos medios de comunicación durante el recién pasado mes de septiembre muestran, claramente, que la popularidad del presidente Danilo Medina se mantiene «cuesta abajo en la rodada», como dice el tango inolvidable.

Esta tendencia se ha acentuado por sus desafortunados discursos en la asamblea general de la Organización de las Naciones Unidas (ONU), sobre una supuesta disminución apreciable de la cantidad de pobres en RD y un presunto éxito en lograr la equidad de género, afirmaciones desmentidas por la realidad evidente a simple vista en las calles de nuestras ciudades y caminos de los campos; más importante aún de lo que han dicho conocidos economistas.

Además, la trágica muerte del arquitecto David Rodríguez García, en la sede central de la Oficina de Ingenieros Supervisores de Obras del Estado (OISOE), ha puesto en evidencia la precariedad en que vive una considerable cantidad de la llamada clase media dominicana (profesionales, intelectuales, técnicos, obreros calificados; medianos, pequeños y microempresarios (as);

y se ha confirmado que la pus morada de la corrupción brota por casi todas las instituciones del Estado.

Un 84.5% (1498 personas) dice que SI a la pregunta de *El Caribe* (4/10/15 – 3:10 pm): ¿Cree que el suicidio del arquitecto en la sede de la OISOE afecta la imagen positiva del gobierno de Danilo Medina? Solo el 15.5% (274) responde que No. Y otro 84.2% responde afirmativamente al mismo *El Caribe* (2-10-15): ¿Le gustaría que se materializara un debate entre el presidente DM y el candidato Luis Abinader? Solo un 15.8% se opone. Esos números son parecidos a los del *Listín Diario* (29-9-15): ¿Cree que el Gobierno está enfocado en lograr la equidad de género? NO – 84% --SI – 16%. Y el mismo LD del 28-9-15: - ¿Cree que la pobreza extrema en RD se ha reducido a un 5.8% como aseguró DM en la ONU? ---- NO 87% - SI 13%--.

Quiere decir que, aproximadamente, el mismo porcentaje de personas que no confían en lo dicho por el mandatario en la ONU, y que opina que se afecta su imagen con lo sucedido en la OISOE, desea que se enfrente a un debate con Luis Abinader, candidato del Partido Revolucionario Moderno, el Frente Amplio, Partido Humanista, Dominicanos por el Cambio y otras organizaciones de la Convergencia por un Mejor País.

Otros medios, impresos y digitales, han publicado sondeos con preguntas y resultados poco más o menos equivalentes en días anteriores del mes de septiembre: *El Día* (28-9-15) - ¿Entiende Ud. que en el país se ha reducido la pobreza, como dice el Gobierno? NO. (87%)

- SI (13%). Y el 25-9-15, a la misma pregunta del mismo periódico, se respondió: NO - 88% - SÍ - 12%.

El Caribe (10-9-15) preguntaba: ¿Piensa Ud. que los dominicanos viven una época de bienestar económico, como afirma el presidente DM? La respuesta fue: SI – 14.2% - NO – 85.8%. Es decir que, antes del discurso en la ONU, ya el mismo porcentaje de la población había expresado su incredulidad sobre la supuesta disminución de la pobreza.

Si Medina no aceptara el reto de Luis Abinader para un debate cara a cara sobre estos y otros temas, estaría confirmando más claramente su baja evidente en aquella popularidad inflada por firmas encuestadoras desprestigiadas. Y su temor a perder las elecciones del 2016 frente a un candidato y una Convergencia que plantean la necesidad de instalar en el país un gobierno distinto, con un programa de prioridades para realmente ocuparse de los más necesitados (as).

Santo Domingo, RD, noviembre del 2015

TERCERA PARTE

FRENTE AMPLIO LLAMA A UNIDAD PARA ENFRENTAR AL PLD

La sociedad dominicana necesita con urgencia la conformación de un frente lo suficientemente amplio para enfrentar la amenaza de Leonel Fernández de consolidar una dictadura del PLD, la cual significaría un Congreso Nacional y Poder Judicial en peores condiciones, un déficit fiscal mayor, más corrupción, impunidad, desigualdad social y otros males por muchos años.

El Frente Amplio llama a la conformación de ese conjunto de fuerzas al Foro Renovador del PRD, la Alianza País, Alianza por la Democracia, Dominicanos por el Cambio, Ciudadanos por la Democracia, Movimiento Rebelde y otras organizaciones políticas.

El pueblo dominicano necesita otro tipo de gobierno, resultado de una concertación, para lograr un régimen democrático funcional, con ejercicio pleno de la soberanía nacional, una adecuada redistribución de las riquezas en explotación (oro y otros minerales) y las producidas en más de cincuenta años de crecimiento económico.

El Frente Amplio propone la realización de un foro nacional, a mediados del próximo mes de agosto, para discutir una amplia unidad opositora contra esas pretensiones continuistas de Leonel Fernández y el PLD.

En vez de otro déficit fiscal de más de 200 mil millones de pesos, se necesita un aumento general de sueldos y salarios para empleados públicos y privados, civiles y militares, partiendo de un sueldo mínimo de 25 mil pesos que sirva al menos para cubrir los elementos esenciales de la canasta familiar.

En vez de más corrupción e impunidad, que ofrece Leonel y su PLD, la sociedad dominicana necesita que se recupere el dinero desfalcado al Estado por el expresidente y sus testaferros más conocidos.

En vez de más impuestos, el pueblo dominicano necesita que se reduzcan los tributos a los artículos de consumo masivo, especialmente alimentos, medicinas y combustibles. Al tiempo que se aumentan los impuestos a los que más ganan.

En vez de más autoritarismo, la sociedad dominicana necesita una democratización a fondo, basada en el ideal duartiano y trinitario del Poder Municipal; actualizado con una Ley de Partidos y la Electoral consensuadas entre las diversas fuerzas políticas y una Junta Central Electoral que no actúe como un comité de base del PLD.

El Frente Amplio llama a las organizaciones democráticas y sus respectivos dirigentes y personalidades independientes a dar los pasos prácticos necesarios para conformar esa gran alianza que evite reproducir la historia del Partido Dominicano de la funesta Era...

http://www.elmunicipio.com.do/index.php/el-pais/2164-frente-amplio-llama-a-unirse-contra-amenaza-de-leonel-y-pld - 19-07-2013.

EL ORIGEN DE LA CONVERGENCIA

A Yluminada Medina Herasme, lectora asidua del LD, interesada en que se precisen datos sobre el tema

El partido Frente Amplio, un proyecto unitario en sí mismo, aprobó una política de unidad amplia opositora en su segunda convención realizada en marzo del 2013, en esta capital; con invitados/as especiales de otras organizaciones.

Meses después, en respuesta a una de esas manidas declaraciones del presidente del PLD, Leonel Fernández, la comisión política del Frente Amplio reiteró su llamado a la unidad y a un encuentro de las fuerzas opositoras. Varias de ellas contestaron y decidimos realizarlo el 25 de agosto del 2013, en el teatro Narciso González. Ahí nació la Convergencia por un Mejor País. Como entidad anfitriona, tocó al presidente y candidato del Frente Amplio, Fidel Santana, pronunciar el discurso principal del acto.

Diversos medios de comunicación destacaron en sus portadas este acontecimiento, conscientes sus ejecutivos de que buena parte de la población desea ver unidas a las agrupaciones de oposición para que en nuestro país se instaure otro tipo de gobierno, que responda a las necesidades de las grandes mayorías, NO de los grandes empresarios.

El 9 de febrero de este año realizamos un taller, en un hotel cerca del *LISTÍN DIARIO*, para precisar las ideas comunes de las diversas organizaciones e intercambiar puntos de vista sobre un reglamento para el funcionamiento de este gran frente opositor.

Es evidente que en nuestra sociedad existe una corriente de opinión (concepto que utilizaba con propiedad el padre de la historia dominicana, José Gabriel García, ya en el siglo XIX) favorable al adecentamiento de la vida política.

Ese sentimiento generalizado ha sido recogido muy bien por la Conferencia del Episcopado y *LISTÍN DIARIO* (20-2-14) lo destaca como noticia principal en su portada con un titular, subtítulo y resumen que no dejan lugar a dudas de a quienes va dirigido el mensaje contra la barbarie política, revestida de palabrería contemporánea.

El pueblo dominicano no es tonto, aunque algunos que presumen de grandes intelectuales se lo creen. La propuesta unitaria del Frente Amplio, extendida a la Convergencia por un Mejor País, ha tenido buena receptividad popular. Eso es lo que preocupa a los voceros oficiales y oficiosos del Gobierno y el PLD, por lo que tratan de estigmatizarla para intentar quedarse en el poder a cualquier precio.

El PLD quiere repetir aquí el ejemplo del PRI de México, gobernante por 70 años a base de corrupción, fraudes e incluso crímenes, el más sonado de los cuales alcanzó a uno de sus candidatos presidenciales, Luis Donaldo Colosio, en 1994. Esa lucha de facciones en un partido en el poder es un peligro que se suma a la vocación continuista, sin escrúpulos, heredada del PRSC y el Partido Dominicano.

Para que la población, en alrededor de un 70%, no siga sufriendo las consecuencias de la mala situación económica (desempleo, alto costo de la vida y apagones) y la delincuencia, es necesario lograr la más amplia unidad de las fuerzas opositoras para cambiar de verdad el rumbo político, como se ha logrado en Chile, Uruguay, El Salvador y otros países. Por eso la boleta del Frente Amplio está a disposición de todas las agrupaciones democráticas, nacionalistas y revolucionarias que no tengan registro electoral.

http://listindiario.com/puntos-de-vista/2014/2/22/311742/print

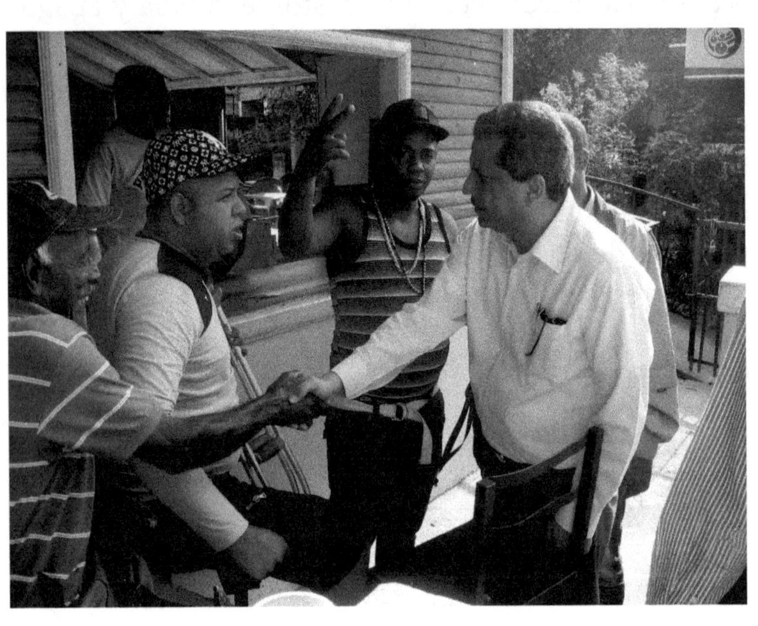

LA COYUNTURA POLÍTICA Y EL PROCESO HISTÓRICO

La unidad de acción de diversos sectores políticos y la presencia de las masas populares en las calles han estado presentes en diferentes coyunturas de la historia política dominicana reciente. Ellas posibilitaron en el segundo semestre de 1961 la conquista de las libertades públicas, tras el ajusticiamiento de Trujillo.

Seguidores-as de la Unión Cívica Nacional (el principal partido de la derecha antitrujillista), del Movimiento Revolucionario 14 de Junio (principal organización de izquierda, liderada por Manolo Tavárez Justo), militantes del MPD, del PSP (Partido Socialista Popular) y personas independientes estaban entonces en las calles de Santo Domingo y otras ciudades demandando !LIBERTAD!: libre expresión y difusión del pensamiento, libertad de tránsito, de asociación, de reunión, etc.; todas las cuales estuvieron aplastadas durante la dictatura, una de las más crueles y prolongadas de América Latina.

Más aún, el pueblo exigió la salida del país de la familia Trujillo, porque el sentido común le indicaba que era un peligro para la naciente democracia, lo que se logró en noviembre de 1961; a pesar de que personalidades como el profesor Juan Bosch (líder en esa época del naciente PRD en territorio dominicano) planteaban que Ramfis Trujillo, el hijo mayor del tirano, y Joaquín Balaguer, presidente de la República por voluntad del *Jefe*, no representaban obstáculos para un futuro gobierno democrático, lo que era criticado por el líder izquierdista Tavárez Justo.

Además, por esa unidad de acción de los antitrujillistas y su presencia frecuente en las calles, el Dr. Balaguer se vio obligado a tomar algunas medidas contra los Trujillo, entre ellas la disolución del Partido Dominicano, la poderosa maquinaria política de la tiranía. Aún más, a pesar del deseo de Balaguer de legitimarse y quedarse en el poder, ese pueblo y algunos jefes militares exigieron su salida del país, a lo que se vio obligado a principios del 1962.

En 1965 volvió a darse el fenómeno de la unidad de acción de diversos sectores políticos y la presencia de las masas en las calles, logrando el derrocamiento del gobierno golpista, represivo, corrupto y antinacional del Triunvirato, que presidía Donald Read Cabral.

Militares constitucionalistas (orientados por el coronel Fernández Domínguez), civiles perredeístas, izquierdistas, socialcristrianos (del antiguo Partido Revolucionario Social Cristiano), militares balagueristas y personas independientes se lanzaron a las calles de la capital y luego en otras ciudades del país para lograr ese objetivo, respondiendo al llamado del gran líder popular José Francisco Peña Gómez. Ese conjunto de fuerzas democráticas logró derrotar al otro conjunto de partidos golpistas (del golpe contra Bosch en septiembre de 1963) y militares reaccionarios, que lideraba el general Elías Wessin y Wessin.

Solo la intervención de los marines yankis, el 28 de abril de ese año, cambió la correlación de fuerzas, gradualmente, a favor de los reaccionarios, tras una heroica resistencia del pueblo dominicano, comandado por el coronel Francisco Caamaño Deñó.

También en los procesos electorales del 1974 y del 78 se dio la unidad de acción en el Acuerdo de Santiago, conformado por el PRD, el Movimiento Popular Dominicano y el Partido Quisqueyano Demócrata, logrando la derrota de Balaguer en el 78 y el ascenso del hacendado cibaeño Antonio Guzmán a la presidencia de la República.

Otro momento histórico más reciente en que se logró esa conjunción favorable de factores fue en la victoria de Gilberto Serulle, en Santiago, cuando perredeístas, izquierdistas, peledeístas del grupo de Danilo Medina y gente independiente apoyaron esa candidatura a la alcaldía de la capital cibaeña. En Santiago estuvieron los principales expertos reformistas y peledeístas en trampas electorales, tratando de torcer la voluntad popular a favor de José Enrique Sued, el favorito de Leonel Fernández; pero la presencia de las masas en las calles impidió que se materializara el fraude, como lo hizo el Gobierno en otras partes del país.

Con esos ejemplos históricos queda claro que en nuestro, sociedad solo la unidad de acción de diversos sectores y la presencia de las masas en las calles pueden lograr ciertas conquistas democráticas, sociales y nacionalistas. Es lo que ha estado ocurriendo ahora: la manifestación del 16-09-2012 por la defensa de nuestros recursos naturales (loma Miranda), la marcha hacia el Congreso de la semana pasada, la extraordinaria manifestación del domingo (11-11-12) en la Puerta del Conde; las concentraciones frente a la Fundación Global de Leonel Fernández, en el área del Monumento a los Héroes de la Restauración en Santiago y otras ciudades del país.

Ese es el camino a seguir (el de la unidad de acción y movilizaciones) para demandar la renegociación de los contratos mineros en condiciones ventajosas para el pueblo dominicano, de forma tal que se obtengan recursos suficientes para invertir en educación (el 4% o más del producto interno bruto), en salud, en la creación de puestos de trabajo para jóvenes, mujeres y hombres; en energía para eliminar los apagones, en construcción de viviendas económicas y la reconstrucción de carreteras, caminos vecinales, aceras y contenes, entre otras necesidades.

Ese es el camino que evitará contraer nuevos préstamos con el Fondo Monetario Internacional y permitirá el rechazo permanente a la creación de más impuestos, que se cargan a la mayoría de la población en los artículos de consumo masivo. Ese es el norte para enfrentar al Gobierno, los grandes empresarios, las compañías mineras multinacionales y al FMI.

El Frente Amplio y otras organizaciones democráticas deben tener suficiente audacia para actuar en cada coyuntura que se presente, hacer planteamientos políticos certeros y coordinar acciones que se salgan de la rutina.

Vale la pena recordar lo escrito por Federico Engels: «El marxismo no es un dogma, sino una guía para la acción». La teoría política nos orienta, en general, a sintetizar e interpretar la historia universal y dominicana, pero debemos conocer detalladamente la realidad en que actuamos.

En fin, en esta y otras coyunturas debemos combinar una acertada interpretación de la teoría política general (desde Aristóteles hasta nuestros días, pasando por Carlos Marx, por supuesto), de la historia reciente dominicana y datos actualizados de la realidad que vivimos, para poder influir con éxito en el presente y futuro político en nuestro país.

http://acento.com.do/2012/opinion/206806-la-coyuntura-politica-y-el-contexto-historico/

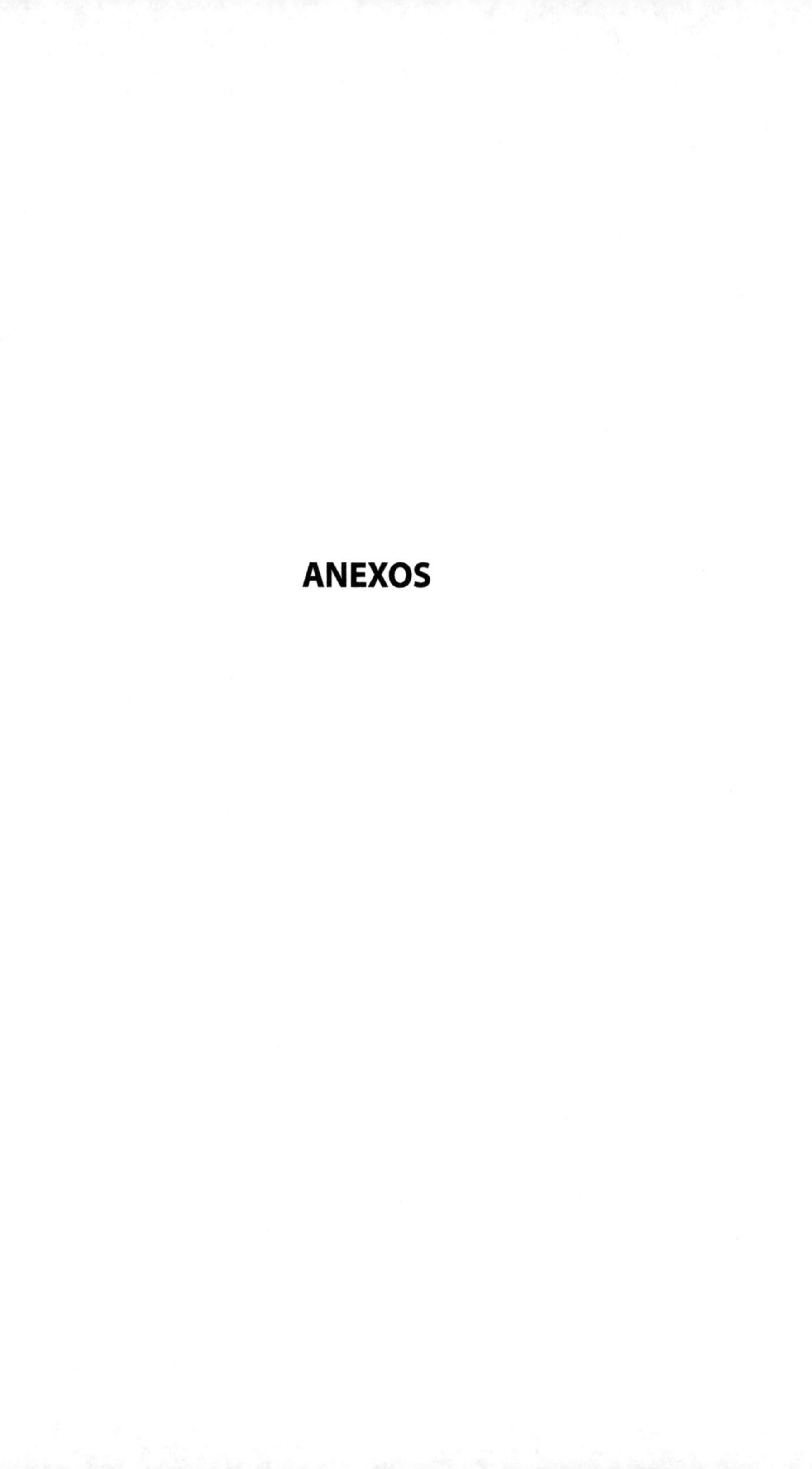

ANEXOS

EDITORIAL

El desafío de la «convergencia»

La «convergencia» presentó el pasado fin de semana la propuesta política con la cual pretende convencer y atraer a todos los sectores de vocación democrática que propugnan por el fortalecimiento de la institucionalidad democrática para construir una mejor Nación. Tal propósito se da en medio de la amenaza, según sus principales voceros, que significa el monopolio del poder logrado por el dominio peledeísta, partido hegemónico que ha logrado controlar todo el poder del Estado.

Además de enunciar los principales ejes programáticos para un mejor país con fortalecimiento de la democracia, la «convergencia» se propone encauzar la lucha para que se establezcan las condiciones que garanticen una participación electoral transparente, segura y en igualdad de condiciones, de modo que los resultados electorales reflejen lo más fiel posible la «voluntad popular», para que de las próximas elecciones surja un gobierno creíble y confiable, además de legítimo y democráticamente elegido. Por esa razón, la «convergencia» se propone luchar por la modificación del marco legal con la aprobación de una nueva Ley Electoral y la Ley de los Partidos Políticos, al tiempo de propugnar por la modificación de los integrantes de la JCE y del TSE, dada la evidente parcialización de los actuales incumbentes a favor del partido de Gobierno.

Se trata de una agenda política difícil que persigue contrarrestar a un partido oficial que ha sabido aprovechar su paso por el poder para establecer las bases materiales de su hegemónico e infinito poder, como son el haberse convertido a nivel de su cúpula y relacionados en una poderosa corporación económica integrada a los frentes oligárquicos del poder, al tiempo de haber logrado controlar todas las fuentes institucionales del poder del Estado, tal como lo indicaba la vulgata marxista sobre la teoría del Estado y como precedentemente lo hiciera el dictador Trujillo cuando se apoderó de la economía y del control total del Estado.

Hora de convencer

Por esas razones la estrategia democrática de la «convergencia» se enfrenta no sólo al desafío de una poderosa maquinaria del partido de gobierno, sino que ha de enfatizar los elementos cualitativos de la verdadera política, en vez de las tentaciones pervertidas del clientelismo oportunista y electoralista. El énfasis en los fundamentos cualitativos de la política es imperativo para agregarle valor persuasivo a la «convergencia», y así atraer y convencer a muchos segmentos sociales, principalmente de las clases medias, que dudan del PRM, mayor fuerza de la «convergencia», la cual ha sido estigmatizada por su inclinación al «caos y la ineficiencia» en función del desarrollo y el crecimiento económico de la Nación.

Esas debilidades heredas por la «convergencia» la obligan a realizar un gran esfuerzo cualitativo para formular y presentar un modelo de visión de país y un modelo de gestión pública que garanticen que ahora no sólo se gobernará con eficiencia y orden, sino que se enderezará el rumbo de la Nación hacia su desarrollo, sin tanta corrupción y tanto clientelismo electorero.

¡Convencer es el gran desafío de la «Convergencia»!

http://www.lainformacion.com.do/opinion/editorial

CONCLUSIONES

La sociedad dominicana necesita un gobierno distinto al que tenemos y hemos tenido en los últimos años; una administración pública (ejecutiva, legislativa, judicial y municipal) que se ocupe realmente de aportar soluciones efectivas a los problemas más graves que enfrenta la gran mayoría de la población.

El Frente Amplio ha estado haciendo diversas propuestas, desde su fundación, para articular una coalición política, la Convergencia por un Mejor País, que se ha constituido en una opción de poder para el presente y el futuro inmediato, con un programa mínimo de gobierno que recoge diversas respuestas a las más sentidas inquietudes del pueblo dominicano.

En este contexto electoral del 2016, por consiguiente, tiene una gran importancia el voto directo en la boleta del Frente Amplio y de sus candidatos que participan en las de los aliados: el Partido Revolucionario Moderno (PRM), Partido Humanista (PHD), Dominicanos por el Cambio (D x C), Partido Revolucionario Social Demócrata (PRSD), Alianza por la Democracia y el PRSC.

Esta alianza de fuerzas a diversos niveles (en el presidencial encabezada por Luis Abinader y Carolina

Mejía) está echando la pelea por la conquista del Poder Ejecutivo y una significativa mayoría en el Congreso Nacional y ayuntamientos importantes para comenzar a enfrentar los acuciantes problemas que afectan a las capas medias y de bajos ingresos de la población.

A pesar del uso abusivo de los recursos del Estado por el PLD y sus aliados, por encima del control de su comité político sobre la Junta Central Electoral, el pueblo dominicano tiene suficientes experiencias históricas para sacar fuerzas de sus debilidades y obtener una victoria significativa en estas elecciones. Un nuevo gobierno significará comenzar a resolver gravísimos problemas, como son la excesiva corrupción, que contamina todo el cuerpo social, y la inseguridad pública que afecta a mujeres y hombres, jóvenes y adultos, ancianos y niños. Además, iniciar un proceso de reducción de la desigualdad social, aumentando los ingresos reales de quienes menos ganan, que son la inmensa mayoría.

ANTE UNA NUEVA REALIDAD

FA LLAMA A DISCUTIR NUEVO PROGRAMA DE GOBIERNO QUE SUPERE EL ACTUAL

El Frente Amplio llama a diversas organizaciones políticas, sociales, comunitarias y ciudadanos/as a discutir un programa de gobierno que recoja las reivindicaciones y aspiraciones de diferentes sectores que no se sienten representados por el actual gobierno ni los partidos tradicionales de oposición.

El llamamiento fue hecho por el comité político del Frente Amplio, reunido este domingo (3/4/22) en su local nacional, con la finalidad de discutir a breve plazo un conjunto de propuestas con que se identifica una parte importante del pueblo dominicano. «Diversos estudios de opinión indican que un segmento significativo de la población se inclina hacia una opción política diferente a los partidos tradicionales y que muestre una clara vocación de poder. Este dato confirma que existen condiciones en el país para proponerse la construcción de otra opción de poder y con perfiles que hagan creíble su determinación de modificar el régimen político dominicano a favor de las grandes mayorías», se agrega en la nota.

Carmen Mazara, Iván Rodríguez (QEPD), Rafael Chaljub Mejía y Fidelio Despradel en un intercambio de ideas sobre un programa común para transformar la sociedad dominicana, realizado en la sede central del Frente Amplio.

«En este contexto, es necesario debatir con tiempo un programa mínimo de gobierno que pueda ser apoyado por diversos sectores y ciudadanos en las elecciones del 2024, alrededor del cual puedan surgir varios precandidatos (as) y realizar eventualmente unas primarias con padrón abierto para todos los interesados en esos planteamientos», dijo el Frente Amplio.

La coyuntura hacia 2024 plantea un nuevo desafío a los sectores progresistas, construir la fuerza política que se proponga la tarea de sustituir al Partido Revolucionario Moderno en el poder y evitar el regreso del PLD en cualquiera de sus versiones. Esta conclusión brota de la necesidad de la unidad de todos los sectores progresistas, democráticos y patrióticos, en torno a un programa común de transformaciones políticas y sociales...

Publicado en diversos diarios, impresos y digitales, en primeros días de abril del 2022.

FRENTE AMPLIO PLANTEA NUEVO GOBIERNO PARA EL 2024

Al cumplirse el segundo aniversario del gobierno de Luis Abinader y el PRM, el Frente Amplio plantea que «es evidente la necesidad de prepararse para un nuevo gobierno en el 2024, ante la frustración de diversas expectativas» y el peligro de un retroceso político con partidos que ya estuvieron en el poder y demostraron un alto nivel de corrupción.

El planteamiento fue hecho por el Frente Amplio en una declaración de su comisión ejecutiva, en la que llama a «una vasta discusión entre ciudadanos/as y organizaciones comunitarias, sociales y políticas sobre un programa de gobierno para los comicios del 2024, que recoja las más sentidas aspiraciones populares que no han sido satisfechas por el actual partido gobernante ni los anteriores».

Según el Frente Amplio, «hay diversas propuestas programáticas que ya circulan y que se pueden sintetizar y enriquecer por comisiones de representantes de diversos sectores y luego discutir a fondo un proyecto general entre ciudadanos/as, entidades comunitarias, sociales y políticas. Una adecuada distribución de las

Arsenio Hernández Fortuna interviene por el Frente Amplio en el foro celebrado para elaborar un programa común de diversas organizaciones.

riquezas, tras más de cincuenta años de crecimiento económico del país, es uno de los puntos imprescindibles en una propuesta programática actualizada que pretenda responder a las aspiraciones de las grandes masas populares».

Para ese partido, la redistribución de las riquezas «debe expresarse en un salario mínimo conectado con el costo de la canasta familiar de los que menos ganan, que ahora ronda los $25,000; menos impuestos para los pobres y más impuestos a las elevadas ganancias de los más ricos, especialmente la banca y el gran comercio; distribución entre sus trabajadores de un 25% de los beneficios de las grandes empresas, 20% de las medianas y 15% de las pequeñas, entre otras medidas».

El Frente Amplio llama la atención sobre que «no se puede esperar que este gobierno, a dos años de iniciado y con el balance hecho por el presidente Abinader, pueda responder a esas expectativas de redistribución de las riquezas, como no lo hizo el PLD unificado en 20 años».

También se refirió el Frente Amplio a una reforma a fondo de la Ley de Seguridad Social, frenar la inflación, mejorar la educación mediante una inversión más eficiente, dedicar más recursos a la salud, a obras de infraestructura, especialmente en la frontera y provincias más apartadas de la capital; enfrentar la inseguridad pública, la delincuencia común y la corrupción, entre otras demandas que han sido enarboladas por diversos sectores sociales y que este gobierno ha respondido a medias o muy pobremente.

«El principal acierto de este gobierno fue haber respondido al clamor popular de frenar la corrupción y la impunidad con el nombramiento de Miriam Germán en la Procuraduría General de la República, proceso que debe continuar con una Suprema Corte de Justicia, TSA y TC en manos de otros jueces para avanzar en el camino de la recuperación de los fondos públicos apropiados por los anteriores gobernantes», agrega la nota.

El Frente Amplio entiende que un programa de gobierno «bien discutido debe ser la primera base para una vasta unidad de fuerzas que conformen otra opción de poder distinta a las de los partidos tradicionales para el 2024, con candidatos que deberían ser electos en consultas abiertas en que sean escogidos las y los mejores aspirantes a cargos electivos, por cada municipio, provincia y para los más altos cargos de la nación. Diversos estudios de opinión indican que un segmento significativo de la población se inclina hacia una opción política diferente, que muestre una clara vocación de poder a favor de las grandes mayorías».

Santo Domingo, 17 de agosto del 2022

DIRIGENTE REFUTA EDITORIAL DE ACENTO SOBRE PAPEL DE LA IZQUIERDA EN LAS ELECCIONES

El dirigente izquierdista Arsenio Hernández Fortuna, del Frente Amplio, refutó las afirmaciones del editorial de Acento.com.do incluidas en el editorial publicado el pasado día 13 de este mes.

Con el título «Otro editorial. La izquierda y las elecciones», Hernández Fortuna señala los que considera errores, ignorancia de hechos, además que sugiere que puede tratarse de mala intención.

A su juicio, sería conveniente que el periódico digital Acento.com.do publique una serie sobre la división de los partidos de la derecha, y desmiente que existan 70 partidos o grupos de izquierda.

Detalla que de los 29 partidos reconocidos por la Junta Central Electoral, apenas 4 o 5 pueden ser considerados de izquierda.

Resalta el daño que han hecho los gobiernos y políticos de la derecha, sobre todo con la corrupción, la represión, los asesinatos y los fraudes electorales.

A continuación el texto completo de Arsenio Hernández Fortuna:

Otro editorial. La izquierda y las elecciones

Arsenio Hernández Fortuna

No es correcto juzgar el aporte de la izquierda dominicana al proceso democrático y defensa de la soberanía nacional de los últimos sesenta años, al menos, por los resultados electorales; debido a diversas razones. Veamos algunos datos:

1.- Al final de la terrible dictadura de Trujillo, mientras Manolo Tavárez Justo y otros/as estaban presos, torturados y luego asesinados (como las Hermanas Mirabal), en ese momento histórico Juan Bosch fue proclamado y recorría países de América Latina en su condición de candidato presidencial del Partido Revolucionario Dominicano (PRD) en el exilio. Por eso, al arribar al país la comisión encabezada por Angel Miolán planteó el fatídico «borrón y cuenta nueva», rechazado por los antitrujillistas que sufrieron la cárcel aquí; incluyendo el derechista Viriato Fiallo y sus seguidores.

Al regresar al país, final del 1961, Bosch planteó que ni Ramfis Trujillo ni Joaquín Balaguer eran un peligro para la democracia dominicana, lo que fue rechazado categóricamente por el Movimiento Revolucionario 14 de Junio, el Movimiento Popular Dominicano, el Partido Socialista Popular y diversos sectores populares. Era claro que había dos objetivos muy distintos: para Bosch y el PRD lo importante era ganar las elecciones, por eso se aliaron con los trujillistas; para los izquierdistas lo importante fue, desde la década del 40 cuando surgieron los primeros grupos de esa tendencia, enfrentar la dictadura, primero, y luego los remanentes de ella tras el ajusticiamiento del tirano.

2.- La derecha, especialmente Joaquín Balaguer, ha sido «exitosa» electoralmente con «triunfos entre comillas», como los denunció Esteban Olivero Félix, delegado del PRSC ante la Junta Central Electoral por muchos años; y con victorias con pies de barro, como lo dijo Franklyn Almeyda, miembro del comité político del PLD, luego de la FP, respecto a las elecciones del 2016 y la continuación de Danilo Medina en el poder.

Balaguer ascendió a la vicepresidencia de la RD y luego a la presidencia de unas elecciones bajo la dictadura; en 1966 fue presidente apoyado por la bota interventora yanqui, en 1970 y 1974 se mantuvo en el poder por la terrible represión; en 1990 y 94 hizo fraudes. Hay una abundante bibliografía sobre todos esos procesos, desde Febrillet, Grimaldi, Cándido Gerón, informes de organismos internacionales, incluso la OEA, y otros. En 1990 el comité central del PLD publicó un documento denunciando nueve tipos de fraude, especialmente en el Distrito Nacional. En el 2016 los candidatos presidenciales de entonces denunciaron 18 tipos de fraude, los nueve viejos y otros nueve como «aportes» a la democracia. En SDE, Manuel Jiménez y su equipo denunciaron más de treinta tipos de fraude en ese 2016.

Danilo Medina dijo que fue vencido por el Estado, que encabezaba Leonel Fernández, en el 2007; ese mismo Estado, encabezado por DM, venció a LF, en el 2015 y 2019. Balaguer ganó en el 1986 gracias a que Salvador Jorge Blanco y su grupo preferían que ascendiera él, no su compañero de partido, Jacobo Majluta. Los derechistas no solo han hecho trampas, represión, asesinatos, contubernio con el poder extranjero, robos y uso de fondos públicos para seguir en el poder o recuperarlo, contra los izquierdistas, sino incluso entre ellos mismos. La historia sería interminable...

3.- Los izquierdistas no hemos estado buscando reconocimiento público cuando hemos enfrentado gobiernos dictatoriales y cuando planteamos la necesidad de una redistribución de las riquezas socialmente producidas; simplemente cumplimos con nuestro deber como ciudadanos, como lo han hecho muchos otros dominicanos/as a lo largo de nuestra historia, sin alcanzar cargos públicos. Y estamos seguros de que con nuestra acción, en ocasiones arriesgando el pellejo, y propuesta hemos contribuido al avance institucional de la sociedad. Optar por un cargo electivo es algo circunstancial, que ahora depende más de dinero que de méritos sociales o intelectuales. A pesar de eso, Fidelio Despradel y Dionisio Rodríguez Restituyo obtuvieron el cargo de diputado nacional con los votos de sus organizaciones, Alianza País y el Frente Amplio, para refutar solo una de tantas imprecisiones del editorial anterior. No hay 70 grupos de izquierda, la JCE ha reconocido 29 partidos de los cuales cuatro o cinco se identifican o pueden ser considerados de izquierda; lo que quiere decir que hay 24 ó 25 partidos de derecha. Se podría hacer otra serie sobre esa división de la derecha.

4.- Nuestros hijos no pueden pensar al igual que nosotros por la sencilla razón de que son otras personas y otras las circunstancias históricas en que ellos han vivido. No tuvieron que enfrentar el régimen represivo de Balaguer porque nosotros lo hicimos por ellos. Sus aportes a la sociedad de hoy deben ser otros, como en efecto los hacen. Nosotros mismos no podemos pensar igual ahora que hace cincuenta años atrás, porque han cambiado las circunstancias nacionales e internacionales.

5.- Esperamos que en este periódico se publique una serie sobre los «errores» de los derechistas, entre ellos los diversos crímenes impunes, que acabaron con vidas valiosísimas; los 70 millones de dólares que se perdieron en el Consejo Estatal del Azúcar en 1974 cuando subieron los precios internacionales; los 20 millones de dólares de la Hydroquebec, los miles de millones de pesos sobrevalorados en la autopista 6 de Noviembre, el acueducto del Cibao central, el Metro y el hotel del mismo nombre en la avenida Tiradentes, las aulas que supuestamente costaban entre 2.5 a 3.3 millones de pesos, los solares vendidos a sobreprecio, las jugosas comisiones de los autos comprados a sobreprecio en el Ministerio de Educación y muchas etcéteras más...

6.- Después de eso o simultáneamente, este periódico podría usar mejor su espacio dedicándolo a discutir nuevas propuestas políticas para las venideras elecciones, como puede hacerlas la profesora María Teresa Cabrera y otros precandidatos parecidos.

7.- Escritos como el editorial anterior no dejan mal parados a los izquierdistas, sino a quienes los escriben, por descuido, ignorancia de datos conocidos o mala intención...Sea Ud. el jurado.

https://acento.com.do/politica/dirigente-refuta-editorial-de-acento-sobre-papel-de-la-izquierda-en-las-elecciones-9153229.html

www.ingramcontent.com/pod-product-compliance
Lightning Source LLC
LaVergne TN
LVHW050547160826
845677LV00011B/2217

* 9 7 8 9 9 4 5 1 8 8 9 4 3 *